Modellansätze bei Unternehmensbeteiligungen und Übernahmen mit dem Focus auf kleine und mittelständische Unternehmen (KMU)

– Eine Literaturanalyse -

Thomas Eulenpesch

Modellansätze bei Unternehmensbeteiligungen und Übernahmen mit dem Focus auf kleine und mittelständische Unternehmen (KMU)

– Eine Literaturanalyse –

Bibliografische Information der Deutschen National-bibliothek:

Die Deutsche Nationalbibliothek verzeichnet diese Publikation in der Deutschen Nationalbibliografie; detaillierte bibliografische Daten sind im Internet über http://dnb.dnb.de abrufbar.

© 2016 TASSICIO UG (haftungsbeschränkt) & Co.KG

Kardinal-Galen-Straße 9, 47652 Weeze

ISBN: 978-3-944844-09-1

Autor: **Thomas Eulenpesch**

Inhaltsverzeichnis

6 GESTALTUNGSEMPFEHLUNGEN FÜR KMU 93

ABBILDUNGSVERZEICHNIS

EXPOSÉ

Unternehmensbewertungen finden bei börsennotierten Unternehmen täglich statt. Es gibt viele Anlässe, an denen Unternehmen bewertet werden müssen, wie z. B. bei einer Kreditvergabe, bei Unternehmensbeteiligungen, beim Verkauf oder der Übernahme von Unternehmen oder bei steuerlichen Anlässen (Erbschaftssteuer).

In dieser Arbeit werden die verschiedenen Verfahren vorgestellt und diskutiert. Angesichts knapper finanzieller Mittel und des sich dynamisch verändernden globalen Marktes müssen Innovationen und Investitionen rational und unter dem Nachhaltigkeitsaspekt finanziert werden.

Im zunehmenden globalen Wettbewerb und der damit verbundenen Notwendigkeit der Internationalisierung wurden in den letzten drei Jahrzehnten verschiedene Modelle entwickelt. Im Focus dieser Arbeit wird die Bewertung von KMU stehen. Dabei werden die funktionsorientierten Bewertungsverfahren (wie z. B. die Discounted Cash Flow-Methode usw.) besonders behandelt.

So wird in der Literatur z. B. das Wissensmanagement als Faktor für die Bewertung noch spärlich betrachtet, obwohl das Knowhow bei zunehmender globaler Konkurrenz (z. B. im Hinblick auf die asiatischen Märkte) immer mehr zu einer strategischen Größe wird.

1 EINLEITUNG

In dieser wissenschaftlichen Arbeit wird die Thematik der Unternehmensbewertung in kleinen und mittleren Unternehmen betrachtet. Hierbei sollen insbesondere die Besonderheiten der jeweiligen Firmen-Arten sowie die Einflussfaktoren der Unternehmensbewertung betrachtet werden.

Dabei wird zunächst auf die Grundlagen der kleinen und mittleren Unternehmen eingegangen. Dadurch sollen zum einen die Einstufung in die Größenklassen sowie die besonderen Charakteristika dieser Unternehmen verdeutlicht werden.

Im dritten Abschnitt dieser wissenschaftlichen Arbeit werden die Grundlagen der Unternehmensbewertung, insbesondere der Unternehmenswert, die Anlässe und die Anforderungen an die Unternehmensbewertung vorgestellt.

Im darauf folgenden Abschnitt werden die unterschiedlichen Methoden der Unternehmensbewertung unter der Berücksichtigung der Faktoren der kleinen und mittleren Unternehmen vorgestellt. Auf die Besonderheiten der Realoptionen in der Unternehmensbewertung wird zusätzlich in Kapitel fünf eingegangen.

Aus den gesammelten Informationen werden Gestaltungsmöglichkeiten bei der Berechnung des Unternehmenswertes abgeleitet. Hierbei wird aufgezeigt, dass insbesondere der Bewerter einen deutlichen Einfluss auf die errechnete Höhe des Unternehmenswertes hat und dieser somit nicht vollständig objektiv ist.

Die im Rahmen dieser wissenschaftlichen Arbeit gesammelten Informationen werden abschließend kritisch ausgewertet und daraus Empfehlungen für die Unternehmensbewertung sowie für spätere Forschungsvorhaben abgeleitet.

2 KLEINE UND MITTLERE UNTER-NEHMEN

Kleine und mittelgroße Unternehmen haben aufgrund ihrer Charakteristika andere Anforderungen an das Management als große Unternehmen. Dies wird in Kurzform bei der Betrachtung der Hypothese von Welsh und Whiteim aus dem Jahre 1980 deutlich: „A small business is not a littlie big buiness".[1]

Diese Hypothese kann wiederrum nur bestätigt werden, wenn sich die kleinen und mittleren Unternehmen in verschiedenen Bestandteilen deutlich von den großen Unternehmen abgrenzen. Diesbezüglich kann jedoch keine Einigkeit in der Wissenschaft festgestellt werden, sodass keine allgemeingültige Definition von kleinen und mittleren Unternehmen existiert.[2]

---

[1] Welsh/White, A small business is not a little big business, in: Harvard Business Review, 59/80, S. 18

[2] Sygusch, F. (2008) Nachfolgefinanzierung mittelständischer Unternehmen, S. 18ff

Aufgrund dieses Sachverhalts wird nachfolgend auf die verschiedenen Merkmale von kleinen und mittleren Unternehmen eingegangen. Hierdurch sollen Unterschiede zu großen Unternehmen herausgearbeitet werden. Im darauf folgenden Abschnitt werden die Merkmale der kleinen und mittleren Unternehmen, die für die Bewertung von grundlegender Bedeutung sind, näher erläutert.

2.1 CHARAKTERISTIKA VON KLEINEN UND MITTLEREN UNTERNEHMEN

Damit eine Abgrenzung von kleinen und mittleren Unternehmen von großen Firmen vorgenommen werden kann, müssen verschiedene Merkmale analysiert werden. Hierbei ist es zum einen möglich, eine Abgrenzung auf der Basis von quantitativen und zum anderen qualitativen Merkmalen vorzunehmen.[3]

---

[3] Spielmann, N. (2012) Internationale Corporate Governance, S. 19

Die quantitativen Merkmale verwenden zur Abgrenzung eindeutig messbare Größen. Hingegen werden bei der qualitativen Methode verschiedene, charakteristische Merkmale zur Abgrenzung der kleinen und mittleren Unternehmen von großen Firmen genutzt.

2.1.1 Qualitative Merkmale

Eine Möglichkeit der Klassifizierung ist, eine qualitative Definition anzuwenden. Bei dieser Begriffsbestimmung wird insbesondere auf die Haftungs- und Eigentumsstruktur abgestellt. Hierbei wird die Definition als mittelständisches Unternehmen üblicherweise als erfüllt angesehen, wenn ein enges Verhältnis zwischen der Geschäftsführung und den Inhabern des Unternehmens existiert. Ein derartiges Verhältnis liegt insbesondere in Familienunternehmen vor. Dies bedeutet im Weiteren auch, dass bei der

Anwendung der qualitativen Definition ein mittelständisches Unternehmen kein Mitglied eines Konzerns sein kann.[4]

Somit ist auch durch die Anwendung der qualitativen Definition keine einheitliche Sichtweise gewährleistet. Dies beruht insbesondere darauf, dass auch Unternehmen, welche die Größenklassen der Europäischen Union überschreiten, aufgrund der Struktur weiterhin zum Mittelstand gezählt werden könnten. Daher wird in der Wirtschaft üblicherweise nur die quantitative Definition angewandt.[5]

2.1.2 Quantitative Merkmale

Grundsätzlich existieren unterschiedliche Kriterien zur Klassifizierung von Unternehmen. Üblicherweise wird dabei auf quantitative Faktoren

---

[4] Wallau, F. (2006) Mittelständische Unternehmen in Deutschland, S. 13 ff

[5] Wallau, F. (2006) Mittelständische Unternehmen in Deutschland, S. 15

zurückgegriffen. Ein kleines oder mittelständisches Unternehmen muss dabei mindestens 2 von 3 Schwellenwerten gemäß den vorgelegten Kriterien im Bereich des Umsatzes, der Anzahl der Beschäftigten und Bilanzsumme einhalten. Jedoch existieren in diesem Zusammenhang wiederrum unterschiedliche Auffassungen, wie nachfolgend zu erkennen ist:

Unternehmensgröße	Zahl der Beschäftigten	und
klein	bis 9	
mittel*	bis 499	
(KMU) zusammen	unter 500	

* und kein kleines Unternehmen

Abbildung 1: KMU-Definition des Instituts für Mittelstandsforschung, Bonn[6]

---

[6] Institut für Mittelstandsforschung (ohne Angabe) KMU-Definition des IfM Bonn

KMU-Definition des Bundesverbands deutscher Banken:[7]

- Kleine Unternehmen: Umsatz bis 500.000 EUR
- Mittlere Unternehmen: Umsatz bis 50 Mio. EUR
- Große Unternehmen: Umsatz bis 500 Mio. EUR

Durch die Nutzung dieser unterschiedlichen Definitionen kann es wiederrum als problematisch angesehen werden, eine klare Abgrenzung vorzunehmen. Jedoch ist diese Demarkation im Rahmen dieser wissenschaftlichen Arbeit von grundlegender Bedeutung. Aufgrund der übergeordneten rechtlichen Stellung wurde daher entschieden, in der vorliegenden Bachelorarbeit die Definition der Europäischen Union zu verwenden.

---

[7] IHK Berlin (ohne Angabe) Mittelstand in Berlin – Definition Mittelstand

Größenklasse	Mitarbeiterzahl: Jahresarbeits-einheit (JAE)	Jahresumsatz oder	Jahresbilanz-summe
Mittleres Unternehmen	< 250	≤ 50 Mio. EUR (1996: 40 Mio. EUR)	oder ≤ 43 Mio. EUR (1996: 27 Mio. EUR)
Kleines Unternehmen	< 50	≤ 10 Mio. EUR (1996: 7 Mio. EUR)	oder ≤ 10 Mio. EUR (1996: 5 Mio. EUR)
Kleinst-unternehmen	< 10	≤ 2 Mio. EUR (bisher nicht definiert)	oder ≤ 2 Mio. EUR (bisher nicht definiert)

Abbildung 2: KMU-Definition der Europäischen Union[8]

---

[8] Europäische Kommission (2006) Die neue KMU-Definition, S. 14

2.2 BESONDERE CHARAKTERISTIKA VON KMU

2.2.1 Besonderheiten in der Unternehmensführung und –struktur

Die meisten kleinen und mittleren Unternehmen weisen die Besonderheit auf, dass sie sich mehrheitlich im Eigentum des jeweiligen Unternehmers befinden. Daraus ergeben sich wiederrum rechtliche und wirtschaftliche Besonderheiten im Vergleich von Großunternehmen, die meist in der Form einer Aktiengesellschaft geführt werden und sich daher im Streubesitz befinden.

Dies bedeutet, dass bei den kleinen und mittleren Unternehmen meist Eigentümer und Unternehmensführung aus den gleichen Personen bestehen. Dadurch werden ebenfalls die Unternehmenskultur sowie auch die durch die Unternehmensführung angewandte Strategie beeinflusst.[9]

Die von der Unternehmensführung betriebene Taktik wird insbesondere dadurch beeinflusst, dass die Existenz des Geschäftsführers beziehungsweise Inhabers von den eigenen Entscheidungen abhängt. Dementsprechend wird dieser, aufgrund seiner Verantwortung gegenüber sich selbst und seinen Mitarbeitern, eine geringere Risikobereitschaft aufweisen.[10]

Dies bedeutet im Weiteren, dass der jeweilige Unternehmer eine zentrale Bedeutung für den Erfolg oder Misserfolg des Betriebes hat. Somit kann ein möglicher Wechsel der Unternehmensleitung zum Beispiel auch im Rahmen der Generationennachfolge der Firma bezie-

---

[9] Grohmann, O. (2007) Integration der Informationstechnologie, S. 35

[10] Meyer, J.-A. (Hrsg.) (2010) Strategien von kleinen und mittleren Unternehmen, S. 433

hungsweise deren Gewinn maßgeblich beeinflussen. Daher ist es notwendig, die Unternehmensführung in gewisser Weise bei der Bewertung des Unternehmens zu berücksichtigen.

Weiterhin muss in Abhängigkeit von der Un-
ternehmensform - insbesondere in Unternehmen, bei denen der jeweilige Unternehmer
keine feste Vergütung erhält - auch der sogenannte kalkulatorische Unternehmerlohn bei
der Bewertung berücksichtigt werden.[11]

Die Notwendigkeit, den Unternehmer zu berücksichtigen ergibt sich insbesondere
dadurch, dass aufgrund der vergleichbar geringen Anzahl der Mitarbeiter, in den kleinen und
mittleren Unternehmen eine stark personenbezogene Unternehmensstruktur vorliegt.

Oftmals besteht auch die Problematik, dass
die Unternehmer nur eine technische Ausbil-

---

[11] Schacht, U., Fackler, M. (Hrsg.) (2009) Praxishandbuch Unternehmensbewertung, 2. Auflage, S. 174

dung mit anschließender Meisterprüfung vorweisen können. Dementsprechend sind die Unternehmer zwar zur technischen Leitung befähigt jedoch nicht ausreichend zur betriebswirtschaftlichen Leitung, Verwaltung und Entwicklung.[12]

Da die meisten der Inhaber und zugleich Geschäftsführer eine Vielzahl von Aufgaben im Unternehmen übernehmen, liegt eine zentrale Bündelung des unternehmerischen Knowhow vor. Dies muss ebenfalls bei der Bewertung eines Unternehmens berücksichtigt werden, da bei einem Wechsel der Geschäftsführung letztendlich Probleme zum Zeitpunkt der Übergabe entstehen können. Diese Schwierigkeiten werden üblicherweise als Transferprobleme bezeichnet. Jedoch kann auch davon ausgegan-

---

[12] Akademie des Handwerks an der Unterweser (ohne Angabe) Schnittstelle zwischen Büro und Werkstatt

gen werden, dass die Probleme bei einer Übergabe des Unternehmens nicht vollständig aus dem Weg geräumt werden können.[13]

Andererseits weisen kleine und mittlere Unternehmen, aufgrund der kurzen Informationswege, einen deutlichen Vorteil auf, wenn eine Anpassung an neue Gegebenheiten auf dem Markt notwendig wird. Diese Anpassungsfähigkeit ist unter anderem auch dann von Vorteil, wenn eine Annäherung an die Bedürfnisse besonderer Kunden notwendig ist.

Hierdurch ergibt sich unter anderem auch die Möglichkeit einer Spezialisierung des Unternehmens. Dies muss im Rahmen der Unternehmensbewertung berücksichtigt werden, da trotz der kleinen Firmengröße eine marktbeherrschende Stellung in einem Nischenmarkt für das Unternehmen möglich ist.[14]

---

[13] Handke, M. (2011) Die Hausbankbeziehung, S. 32

[14] Rauter, R. (2013) Interorganisationaler Wissenstransfer, S. 19ff z

Durch die meist übersichtliche und einfache hierarchische Struktur entsteht für das jeweilige Unternehmen ebenfalls ein Vorteil in Bezug auf die Flexibilität. Jedoch kann diese Struktur auch den Nachteil haben, dass weder eine ausreichende Dokumentation noch eine ausreichende Planung für die Zukunft erfolgt.

Dementsprechend sind wichtige Daten, wie beispielsweise Marktanalysen oder fundierte Kostenberechnungen, die als Grundlage für die Bewertung von Unternehmen herangezogen werden können, nicht vorhanden. Auch im Rechnungswesen sind oftmals nur die Daten gegeben, die vom Gesetzgeber zwingend vorgeschrieben sind. Daher sind diese für die Bewertung des Unternehmens oftmals nur begrenzt verwendbar.[15]

---

[15] Andreae, C. von (2007) Familienunternehmen und Publikumsgesellschaft, S. 73

2.2.2 Größenbedingte Charakteristika

Aufgrund der in Unternehmen begrenzt vorhandenen Ressourcen, entstehen insbesondere im Finanzbereich von kleinen und mittleren Unternehmen besondere Auswirkungen und Anforderungen. Oftmals sind diese Firmen-Arten zu einem großen Teil, im Durchschnitt zu 26,6%, durch Eigenkapital finanziert.[16]

Dementsprechend muss bei der Bewertung des Unternehmens berücksichtigt werden, dass der Unternehmer selbst einer der größten Kapitalgeber ist und somit eine entsprechende Machtstellung hat. Des Weiteren besteht auch die Möglichkeit, dass sich weitere für das Unternehmen notwendige Vermögensgegenstände im Privatvermögen des Unternehmens befinden. Diese müssen auch bei der Bewertung des Unternehmens berücksichtigt werden.

---

[16] Schwarz, Dr. M. (2012) KfW-Mittelstandspanel 2012, S. 3

Die Beschaffung von neuem Kapital, insbesondere von Eigenkapital, kann bei kleinen und mittleren Unternehmen wiederrum als Problematisch eingestuft werden. Dies beruht insbesondere auf der Tatsache, dass es diesen Firmen-Arten, im Gegensatz zu Aktiengesellschaften, nicht möglich ist, Geschäftsanteile zu emittieren. Somit würde die Möglichkeit verbleiben, einen neuen Gesellschafter aufzunehmen, dies ist jedoch oftmals nicht von den bisherigen Alleininhabern erwünscht.[17]

Ebenfalls kann die Fremdfinanzierung der kleinen und mittleren Unternehmen als problematisch eingestuft werden. Dies ergibt sich daraus, dass, im Vergleich zu großen Unternehmen, nur im begrenzten Umfang Sicherheiten gestellt werden können. Somit wird diesen entweder gar kein Kredit gewährt oder nur mit vergleichsweise hohen Zinsen. Bei der Kreditvergabe wird häufig auch die Kreditwürdigkeit

---

[17] Hölscher, R. (2010) Investition, Finanzierung und Steuern, S. 256

des Unternehmers berücksichtigt, obwohl dieser nicht in direkter Verbindung mit dem Unternehmen stehen muss.[18]

Dementsprechend ist der jeweilige Inhaber mehr oder weniger dazu gezwungen, sein gesamtes Kapital in das Unternehmen zu investieren. Somit hat dieser kaum die Möglichkeit, in verschiedene Anlagemöglichkeiten zu investieren, um somit das Risiko bestmöglich zu verteilen und zu minimieren.[19]

Daher ist es notwendig, dass auch dieser Sachverhalt bei der Unternehmensbewertung, insbesondere bei der Anwendung von kapitalmarktorientierten Methoden, berücksichtigt wird.

Des Weiteren muss auch ein Zusammenhang zwischen den einzelnen Faktoren bei der Bewertung des jeweiligen Unternehmens berücksichtigt werden. Dies bedeutet, dass zwar

---

[18] Hölscher, R. (2010) Investition, Finanzierung und Steuern, S. 229

[19] Hölscher, R. (2010) Investition, Finanzierung und Steuern, S. 256

eine hohe Flexibilität und somit eine hohe Anpassung an die Märkte möglich wäre, jedoch
aufgrund der mangelnden Kapitalstruktur nur
eingeschränkt umgesetzt werden kann.[20]

---

[20] Burkhardt, C. (2008) Private Equity als Nachfolgeinstrument für schweizer KMU, S. 19

3 GRUNDLAGEN DER UNTERNEH-MENSBEWERTUNG

3.1 DEFINITION UNTERNEHMENSWERT

Der Begriff „Unternehmenswert" kann sowohl aus objektiver als auch aus subjektiver Sichtweise betrachtet werden. Bei der objektiven Betrachtungsweise sagt die Wertetheorie aus, dass der Wert des jeweiligen Unternehmens nicht nach dem Interesse einzelner Bewertungssubjekte beziehungsweise nach dem Bewertungszweck bestimmt wird.[21]

Dementsprechend erfolgt die Bewertung des Unternehmens weder aus der Sichtweise des Käufers noch Verkäufers. Stattdessen erfolgt die Bewertung gemäß den möglichen Erfolgspotenzialen sowie unter Berücksichtigung des vorhandenen Vermögens.[22]

---

[21] Matschke, M. J., Brösel, G. (2005) Unternehmensbewertung: Funktionen – Methoden - Grundsätze, S.14f

[22] Peemöller, V. H. et Al (2004) Praxishandbuch Unternehmensbewertung, 3. Auflage, S. 4ff

Zur objektiven Ermittlung des Unternehmenswertes kann daher das sogenannte Substanzwertverfahren herangezogen werden. Jedoch stehen viele Wissenschaftler dem Einsatz dieses Verfahrens kritisch gegenüber, dementsprechend wird diese Methode meist nur als Basis für die subjektive Wertermittlung genutzt.[23]

Der subjektive Wert eines Unternehmens bezieht sich gemäß der Wertetheorie auf den Nutzwert beziehungsweise den Entscheidungswert der Firma, auch als Grenzpreis bezeichnet.[24]

Dementsprechend wird der Wert des Unternehmens von den Interessen des Käufers und des Verkäufers beeinflusst. Dies führt dazu, dass jeder der Beteiligten eine unterschiedliche

[23] Peemöller, V. H. et Al (2004) Praxishandbuch Unternehmensbewertung, 3. Auflage, S. 4ff

[24] Peemöller, V. H. et Al (2004) Praxishandbuch Unternehmensbewertung, 3. Auflage, S. 6ff

Vorstellung bezüglich des Unternehmenswertes hat. Bei der Bewertung wird stets von den zukünftigen Nettoausschüttungen des jeweiligen Unternehmens ausgegangen. Der subjektive Unternehmenswert wird dabei üblicherweise mit dem Ertragswertverfahren ermittelt, dieser wird aufgrund des Fokus auf die zukünftigen Zahlungen als Zukunftserfolgswert bezeichnet.[25]

Zusätzlich zu den objektiven und subjektiven Möglichkeiten zur Ermittlung des Unternehmenswerts existiert auch die Möglichkeit, auf die funktionale Werttheorie zurückzugreifen.[26]

Bei dieser Methode ist es notwendig, dass das Unternehmen in seine verschiedenen Funktionsbereiche, somit in einen Bereich mit einer Haupt- und einer Nebenfunktion, unterteilt

---

[25] Peemöller, V. H. et Al (2004) Praxishandbuch Unternehmensbewertung, 3. Auflage, S. 4ff

[26] Peemöller, V. H. et Al (2004) Praxishandbuch Unternehmensbewertung, 3. Auflage, S. 7

wird. Die Hauptfunktionen beinhalten dabei die Beratungs-, Vermittlungs- sowie Argumentationsfunktion. Die Nebenfunktionen beziehen sich auf die Informations-, Steuerbemessungs- und Vertragsgestaltungsfunktionen.[27]

Dementsprechend muss nach der funktionalen Wertelehre der Unternehmenswert für einen potenziellen Käufer anders ermittelt werden als der Abfindungsanspruch eines bestehenden Gesellschafters.[28]

Das Institut der Wirtschaftsprüfer bevorzugt hingegen die Ermittlung des Unternehmenswerts auf der Grundlage der zu erwartenden finanziellen Überschüsse, die an die Inhaber gezahlt werden. Der Barwert dieser Überschüsse wird durch die Abzinsung unter Zuhilfenahme des Kapitalisierungszinssatzes ermittelt.

---

[27] Peemöller, V. H. et Al (2004) Praxishandbuch Unternehmensbewertung, 3. Auflage, S. 8

[28] Peemöller, V. H. et Al (2004) Praxishandbuch Unternehmensbewertung, 3. Auflage, S. 8

Sowohl dieser Wert wie auch der subjektive Unternehmenswert werden vom Institut der Wirtschaftsprüfer als Zukunftserfolgswerte bezeichnet. Dabei erfolgt entweder die Anwendung des Ertragswertverfahrens oder des Discounted Cashflow Verfahrens.

3.2 DAS CAPITAL ASSET PRICING MODELL

Das Capital Asset Pricing Modell (CAPM) wurde in den 1960er Jahren von Sharpe, Linter sowie Mossin entwickelt. Die Grundlage für das CAPM bildete die Portfoliotheorie nach Markowitz. Der Fokus des CAPM liegt auf der Beantwortung der Frage, wie risikobehaftete Firmen am Kapitalmarkt bewertet werden können. Hierbei wird ein Zusammenhang zwischen dem akzeptierten Risiko und der Höhe der Rendite hergestellt.[29]

---

[29] Kruschwitz, L., Husmann, S. (2012) Finanzierung und Investition, 7. Auflage, S. 187

Dadurch, dass das CAPM auf der Portfoliotheorie aufbaut, bilden die gleichen Voraussetzungen die Grundlage. Dies sind:[30]

- Risikoaversion der Investoren
- Die Investoren handeln stets rational
- Investoren treffen die Entscheidung auf
  der Basis der Erwartungswerte sowie
  der Standardabweichung der Portfolio-
  rendite
- Wertpapiere sind beliebig teilbar
- Es existieren keine Steuern oder Trans-
  aktionskosten
- Es existierte ein einheitlicher risikoloser
  Zinssatz
- Es existiert ein vollkommener Markt

Um das CAPM herzuleiten, muss zunächst
die Kapitalmarktlinie bestimmt werden. Diese
bildet die erwartete Kombination zwischen Rendite und Risiko eines effizienten Portfolios ab.
Effizient sind insbesondere die Portfolios, die

---

[30] Müller, A. (2008) Anlageberatung bei Retailbanken, S. 28

sich auf der Kapitalmarktlinie zwischen dem Marktportfolio und dem risikolosen Zinssatz befinden.

Alle anderen Kombinationen können als nicht effizient eingestuft werden, da diese bei einem ähnlichen Risiko eine geringere Rendite liefern oder bei einer gleichen Rendite ein höheres Risiko aufweisen.[31]

Bei der Portfolio-Selection-Theorie wird angenommen, dass alle Investoren risikoadvers sind. Dies bedeutet, dass diese bei einem erwarteten Ertrag das Portfolio auswählen, dass das geringste Risiko aufweist.

3.3 ANLÄSSE DER UNTERNEHMENSBEWERTUNG

Es kann aus unterschiedlichen Gründen notwendig werden, eine Unternehmensbewertung durchzuführen. Jedoch ist diese insbesondere

---

[31] Damhmen, A. (2012) Investition, S. 137ff

für die Übertragung des Unternehmens auf die nächste Generation oder für einen Verkauf selbigen notwendig.

Befragungen deuten darauf hin, was in den kommenden Jahren rund 70% der Unternehmen auf die nächste Generation oder einen neuen Eigentümer übertragen werden. Anhand dieser Zahl ist auch die Signifikanz der Unternehmensbewertung zu erkennen.[32]

Jedoch existieren auch Anlässe, die eine Bewertung des Unternehmens notwendig machen, jedoch nicht in Zusammenhang mit einer Übertragung der Firma auf einen neuen Eigentümer in Verbindung stehen. Diese werden üblicherweise als nicht transaktionsbezogene Anlässe bezeichnet. Hingegen werden die Anlässe, die in Zusammenhang mit einem Eigen-

---

[32] Wassermann, B. (2012) 3. FOM Mittelstandsforum: Steuern, Recht & Bewertung, S. 23

tümerwechsel stehen, als transaktionsbezogene Anlässe bezeichnet. Diese können im Weiteren in dominierte sowie in nicht dominierte Anlässe unterteilt werden.[33] Diese Unterteilung wird in der nachfolgenden Grafik verdeutlicht.

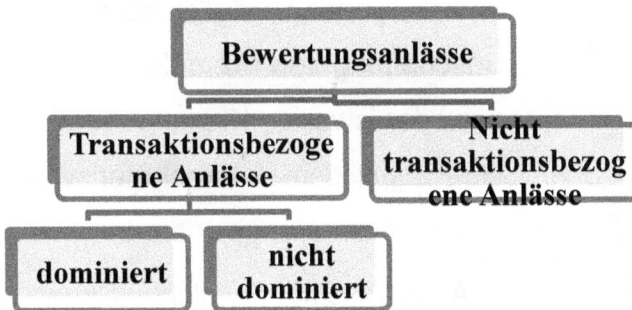

Bewertungsanlässe

Transaktionsbezoge ne Anlässe

Nicht transaktionsbezog ene Anlässe

dominiert

nicht dominiert

Abbildung 3: Anlässe der Unternehmensbewertung

Nachfolgend wird kurz auf die möglichen Anlässe der Unternehmensbewertung eingegangen. Auch wenn die Eigentümerstruktur unverändert bleibt, kann es notwendig werden, ein Unternehmen zu bewerten. Diese Notwendig-

---

[33] Mandl, G., Rabel, K. (1997) Unternehmensbewertung, S. 13

keit kann unter anderem auch aufgrund von gesetzlichen Vorschriften entstehen. Hierzu ge-
hört unter anderem die Bewertung des Unternehmens für steuerliche Zwecke.[34]

Ein weiterer Grund, bei der die Unternehmensbewertung möglich sein kann, ist bei der
Beschaffung von Fremdkapital. Dies bedeutet,
dass der jeweilige Kapitalgeber, beispielsweise
eine Bank, den Unternehmenswert zur Kredit-
würdigkeitsprüfung verlangt.

Auch bei einer möglichen Schieflage des Unternehmens kann es notwendig sein, dass das
Unternehmen zur Erstellung eines Insolvenz-
plans notwendig wird. Dies bezieht sich ebenfalls auf die Unternehmenssanierung, bei der
Verhandlungen mit den Gläubigern durchgeführt werden müssen.[35]

---

[34] Wöltje, J. (2012) Finanzkennzahlen der Unternehmensbewertung,
S. 88

[35] Wöltje, J. (2012) Finanzkennzahlen der Unternehmensbewertung,
S. 88

Wie bereits zuvor erwähnt, existieren auch transaktionsbezogene Anlässe, die ihrerseits in die dominierten sowie in die nicht dominierten Anlässe unterteilt werden können. Bei den dominierten Anlässen ist es einer der beteiligten Parteien möglich, eigenständig, ohne Zusprechen der anderen Beteiligten, die Eigentumsverhältnisse zu ändern. Eine der bekanntesten, dominierten Anlässe ist, das Ausscheiden einer der Gesellschafter aus einem Personengesellschafter.[36]

Bei den nicht dominierten Anlässen ist keine der beteiligten Parteien dazu gezwungen, der Änderung der Eigentumsverhältnisse zuzustimmen. Dies ist insbesondere beim Verkauf eines Unternehmens der Fall. Dies bedeutet, dass bei einem etwaigen Verkauf die Verhandlungen zu jedem Zeitpunkt, beispielsweise wenn nur ein

---

[36] Kalmar, N., Sommer, U., Weber, I. (Hrsg.) (2013) Der effiziente M&A Prozess, S. 80

Bruchteil des gewünschten Preises erzielt werden kann, abgebrochen werden können.[37]

3.4 ANFORDERUNGEN AN DIE UNTERNEHMENSBEWERTUNG

Bei der Bewertung eines Unternehmens liegt die grundsätzliche Problematik darin, dass keine verbindlichen Rechtsnormen existieren und somit jedem Bewerter freigestellt ist, welche Methoden dieser anwendet.

Von Adolf Moxter wurde daher versucht - ähnlich wie die Grundsätze ordnungsgemäßer Buchführung - einen einheitlichen Standard - auch als Grundsätze ordnungsgemäßer Unternehmensbewertung bezeichnet - einzuführen.[38] Die Ansätze von Moxter wurden stetig weiterentwickelt und führten schließlich dazu, dass

[37] Prätsch, U., Ludwig, E., Schikorra, U. (2012) Lehr- und Praxisbuch für Investition, Finanzierung und Finanzcontrolling, S. 371

[38] Moxter, A. (1983) Grundzüge ordnungsgemäßer Unternehmensbewertung

das Institut der Wirtschaftsprüfer die „Grundsätze zur Durchführung von Unternehmensbewertungen" (IDS S1) erstellte.[39]

Im Vergleich zu den Vorschlägen von Adolf
Moxter sind im Standard des Instituts der Wirtschaftsprüfer wesentlich weniger Grundsätze
verankert. Dies führt im Weiteren zu der
Schlussfolgerung, dass durch die Einführung
des IDW Standards noch keine grundlegende
Standardisierung stattgefunden hat.

Die Grundsätze der ordnungsgemäßen Unternehmensbewertung sollen dabei unabhängig von der ausgewählten Methode angewen-
det werden können. Aufgrund der unterschiedlichen Gewichtung der Grundsätze kann sich jedoch auch eine Verschiebung zwischen den
kleinen und mittelgroßen sowie den Großunternehmen ergeben.

---

[39] Institut der Wirtschaftsprüfer (2008) IDW Standard: Grundsätze zur
Durchführung von Unternehmensbewertungen

Der Grundsatz der Maßgeblichkeit des Bewertungszwecks - auch als Aufgaben-Adäquanz bezeichnet - kann einen deutlichen Einfluss auf die Ausführung der Bewertung haben und ist daher bereits vor der Bewertung des Unternehmens festzustellen.[40]

Gemäß des Grundsatzes der Bewertung der wirtschaftlichen Unternehmenseinheit ist es notwendig, dass das jeweilige Unternehmen als ganzes bewertet wird. Eine Bewertung einzelner Unternehmensteile wäre zwar möglich, jedoch würde die Gesamtsumme der Einzelwerte nicht dem Wert bei einer ganzheitlichen Bewertung entsprechen.

Dabei ist es wiederrum notwendig, dass sowohl das betriebsnotwendige als auch das nicht betriebsnotwendige Vermögen bewertet wird. Jedoch muss dabei eine separate Bewertung

---

[40] Raupach, A. (Hrsg.) (1984) Werte und Wertermittlung im Steuerrecht, S. 388

stattfinden. Diese macht es wiederrum notwendig, dass eine Abgrenzung zwischen diesen beiden Kategorien des Vermögens vorgenommen wird.[41]

Die Notwendigkeit der Unterteilung und separaten Bewertung ergibt sich im Weiteren auch daraus, dass die Erträge aus dem nicht betriebsnotwendigen Vermögen nicht im Unternehmenswert mit einbezogen sind. Ebenfalls sind diese auch nicht für das Unternehmen notwendig, daher können diese problemlos veräußert werden, ohne dass negative Auswirkungen für die Firma entstehen.

Dementsprechend ist es jedoch notwendig, dass zusätzlich zum betriebsnotwendigen Vermögen auch ein fiktiver Nettoveräußerungspreis bei der Berechnung des Betriebsvermögens einbezogen wird. Jedoch wird dieser nur

---

[41] Kuhner, C., Maltry, H. (2006) Unternehmensbewertung, S. 43

dann berücksichtigt, wenn dieser Wert höher ist, als der berechnete Ertragswert.[42]

Zusätzlich ist es bei der Ermittlung des Unternehmenswertes notwendig, die zukünftigen Entwicklungen des Betriebs und auch die zukünftigen Gewinne zu berücksichtigen. Dabei muss das Risiko des Unternehmens mit einbezogen werden.

Durch die Berücksichtigung des Risikos ergibt sich eines der grundlegenden Probleme bei der Unternehmensbewertung. Auf diese Problematik wird im Nachfolgenden weiter eingegangen.

Aus diesen Informationen lässt sich zunächst ableiten, dass sowohl die Anlässe als auch der Zweck der Unternehmensbewertung den Firmenwert beeinflussen. Da im Rahmen

---

[42] Lüdenbach, N., Hoffmann, W.-D. (2010) IFRS Kommentar: Das Standardwerk, 8. Auflage, S. 415

der klassischen Methoden das Risiko nur be-
schränkt berücksichtigt ist, besteht hierbei ein
deutlicher Bedarf der Weiterentwicklung.[43]

Ebenfalls deutet das Fehlen von eindeutigen, gesetzlichen Rahmenbedingungen beziehungsweise von Standards bei der Unterneh-
menswertermittlung auf eine weitere, grundlegende Problematik hin. Dies bedeutet, dass die
Bestimmung des Wertes vom jeweiligen Bewerter und der angewandten Methode abhängen,
sodass sich eine deutliche Bandbreite des Unternehmenswertes ergibt.

---

[43] Metz, V. (2007) Der Kapitalisierungszinssatz bei der Unternehmensbewertung, S. 77

4 VERFAHREN DER UNTERNEH-MENSBEWERTUNG

4.1 METHODEN DER UNTERNEHMENSBE-WERTUNG

4.1.1 Ertragswertmethode

Auf das Ertragswertverfahren wird üblicher-weise zurückgegriffen, wenn ein Unternehmen veräußert werden soll. Das Ergebnis des Er-tragswertverfahrens soll dem potenziellen In-vestor einen Ansatzpunkt zur Beurteilung sei-ner Investitionsmöglichkeit bieten. Somit kann der mögliche Investor den ermittelten Ertrags-wert zum Vergleich mit anderen Investitions-möglichkeiten nutzen.[44]

Hierbei muss jedoch beachtet werden, dass bei einem Vergleich verschiedene Faktoren wie Verfügbarkeit, Laufzeitstruktur und ein Unsi-cherheitsfaktor berücksichtigt werden müssen.

---

[44] Krag, J., Kasperzak, R. (2000) Grundzüge der Unternehmensbewer-tung, S. 35

Somit wird eine Gegenüberstellung anderer Unternehmen wiederrum deutlich erschwert.[45] Das Ertragswertverfahren nutzt als Basis die Kapitalwertformel der dynamischen Investitionsrechnung. Somit kann jeder positive Kapitalwert als rentable und lohnenswerte Investition angesehen werden.[46]

Damit jedoch der Ertragswert für eine zukünftige Periode berechnet werden kann, ist es notwendig, bei der Anwendung der Kapitalwertformel eine Abzinsung der zu erwartenden Gewinne des Unternehmens vorzunehmen.[47]

---

[45] Mandl, G., Rabel, K. (1997) Unternehmensbewertung, S. 32

[46] Behringer, S. (2001) Das Ertragswertverfahren zur Bewertung von kleinen Unternehmen S. 719

[47] Sieben, G. (1995) Unternehmensbewertung, S. 720ff

4.1.1.1 Abbildung des Risikos bei der Ertragswertmethode

Bei der Abzinsung des Ertragswertes wird der sogenannte Kapitalisierungszinssatz genutzt. Hierdurch soll die zu erwartende Renditeforderung des Käufers berücksichtigt werden. Bei einem Vergleich mit anderen Investitionsmöglichkeiten lehnt der Kapitalisierungszinssatz üblicherweise an dem Zinssatz der rentabelsten Möglichkeit an.

Grundsätzlich hat der Kapitalisierungszinssatz daher eine bedeutende Stellung bei der Berechnung des Ertragswertes. Dieser ermöglicht letztendlich den Vergleich unterschiedlicher Investitionen, unter anderem mit risikofreien Investitionen wie die in Bundesanleihen.

Jedoch muss beachtet werden, dass Bundesanleihen üblicherweise nur eine Laufzeit von 10 Jahren haben. Wwährenddessen können Unternehmen für eine nicht beschränkte Periode Erträge erzielen. Dabei tritt wiederrum die Problematik auf, dass für ein Unternehmen kein fester Zinssatz zur Verfügung steht, daher kann nur ein Annäherungswert ermittelt werden.

Bei der Annäherungslösung wird zunächst ein risikofreier Zinssatz als Basis gewählt und um einen Risikozuschlag erhöht. Dieser Risikozuschlag beinhaltet insbesondere Anpassungen für die Laufzeit, Steuern sowie auch einen Unsicherheitsfaktor.[48]

Zur Berücksichtigung des Risikos im Rahmen des Ertragswertverfahrens existieren zwei verschiedene Methoden. Dies sind die Risikozuschlag- sowie die Sicherheitsäquivalenzmethode.[49]

Bei der Anwendung der Risikozuschlagmethode ist ein zweistufiges Ermittlungsverfahren

---

[48] Behringer, S. (2001) Das Ertragswertverfahren zur Bewertung von kleinen Unternehmen S. 723

[49] Siepe, G. (1986) Das allgemeine Unternehmerrisiko bei der Unternehmensbewertung, S. 705

durchzuführen. Zunächst muss die risikofreie Rendite als Basiszinssatz ermittelt werden. Im zweiten Schritt erfolgt die Ermittlung eines adäquaten Risikozuschlags.[50]

Der Basiszinssatz ist wiederrum von einer landesspezifischen langfristigen Anlage abhängig. In Deutschland wird üblicherweise auf eine langfristige Bundesanleihe mit einer Laufzeit von 10 Jahren zurückgegriffen.[51] Beispielsweise beträgt der Zinssatz bei den im September 2013 ausgegebenen Bundesanleihen 2,06 Prozent.[52]

Die größte Problematik bei der Ermittlung des Risikozuschlages ist, dass dieser im Ermessen der Person liegt, die die Bewertung

---

[50] Eidel, U. (1999) Moderne Verfahren der Unternehmensbewertung und Performance-Messung, S. 34

[51] Günther, R. (1998) Unternehmensbewertung: Ermittlung des Ertragswerts nach Einkommensteuer bei Risiko und Wachstum, S. 382

[52] Handelsblatt (2013) Deutschland zahlt höhere Zinsen

44

durchführt.[53] Dabei ist es jedoch möglich, unter
der Nutzung von unterschiedlichen Zahlungs-
reihen eine Plausibilitätsprüfung des berück-
sichtigten Risikozuschlages durchzuführen.[54]

Bei der Anwendung der Sicherheitsäquivalenzmethode werden bei der Berechnung die
voraussichtlichen Überschüsse durch das Si-
cherheitsäquivalent ersetzt. Das Sicherheits-
äquivalent entspricht dabei einem sicheren Betrag, der durch den Eigentümer an den Investor
gezahlt werden müsste, damit er auf die möglichen, unsicheren Gewinne des Betriebes ver-
zichtet.[55]

Zur Berechnung des Sicherheitsäquivalents
wird dabei die Nutzentheorie von Bernoulli, die

---

[53] Lüdenbach, N. (2001) Unternehmensbewertung nach IDW S 1, S. 600

[54] Behringer, S. (2001) Das Ertragswertverfahren zur Bewertung von kleinen Unternehmen S. 194

[55] Behringer, S. (2001) Das Ertragswertverfahren zur Bewertung von kleinen Unternehmen S. 73

als Grundlage der Anwendung einer Wahrscheinlichkeitsverteilung dient[56] eingesetzt. Der Risikozuschlag kann daher nach Umformen der Ertragswertformel errechnet werden.[57]

Bei der Berücksichtigung von Steuern im Ertragswertverfahren muss zunächst zwischen den persönlichen und den „normalen" Steuern des Unternehmens unterschieden werden. Da keine eindeutigen Aussagen in Bezug auf die Höhe der privaten Steuern getroffen werden können, sind diese im Rahmen der Bewertung nicht zu berücksichtigen, da zunächst auch kein Einfluss auf den Unternehmenswert unterstellt wird.[58] Hingegen weist das Institut der Wirtschaftsprüfer seit dem Jahre 1997 darauf hin,

---

[56] Siegel, T. (1992) Methoden der Unsicherheitsberücksichtigung in der Unternehmensbewertung, S. 23

[57] Behringer, S. (1999) Unternehmensbewertung der Mittel-und Kleinbetriebe, S. 74

[58] Mandl, G., Rabel, K. (1997) Unternehmensbewertung, S. 170

dass eine Berücksichtigung der persönlichen Steuern stattfinden sollte.[59]

In diesem Zusammenhang schlägt das Institut der Wirtschaftsprüfer vor, den angewandten Zinssatz zu modifizieren. Dadurch erhöht sich die Komplexität des Bewertungsverfahrens eindeutig. In diesem Zusammenhang gibt es im Weiteren auch keine Aussagen, ob die Modifizierung des Zinssatzes zu einer verbesserten Aussagekraft der Bewertung führen würde.[60]

Hingegen sind Steuern, die das Unternehmen selbst zu bezahlen hat, wie die Gewerbe- und - je nach Rechtsform - auch die Körperschaftssteuer, bei der Ermittlung des Unternehmensgewinns zu berücksichtigen.[61]

Die Berechnung des Ertragswertes kann wiederrum in mehreren Schritten erfolgen. Im

---

[59] Siepe, G. (1997) Die Berücksichtigung von Ertragsteuern bei der Unternehmensbewertung, S. 1

[60] Behringer, S. (2001) Das Ertragswertverfahren zur Bewertung von kleinen Unternehmen, S. 723

[61] Siepe, G. (2000) Der neue IDW Standard, S. 952

ersten Schritt wird die Berechnung basierend auf der vergangenen Bilanz für die zukünftigen drei bis fünf Jahre durchgeführt. Bei dieser ersten Kalkulation wird das Wachstum, das die vergangene Bilanz als Grundlage hat, berechnet und dabei eine Abzinsung der Jahresüberschüsse vorgenommen.[62]

In einer weiteren Berechnung wird eine konstante Progression berücksichtigt und eine Abzinsung durchgeführt. Um die gesamte Kalkulation vorzunehmen, muss der zuvor angewandte Kapitalisierungszinssatz bedacht werden. Somit ist es grundsätzlich möglich, ein Wachstum bei der Berechnung des Ertragswertes zu berücksichtigen.

---

[62] Wiehle, U., Diegelmann, M., Deter, H., Schömig, P. N., Rolf, M. (2004) Unternehmensbewertung: Methoden, Rechenbeispiele, Vor- und Nachteile, 2. Auflage, S. 28 und S. 34ff

4.1.1.2 Berücksichtigung der Substanz des Betriebsvermögens und des nicht betriebsnotwendigen Vermögens

Bei der Nutzung des Ertragswertverfahrens zur Berechnung des Unternehmenswertes erfolgt stets eine Kalkulation auf der Basis der zukünftigen Einnahmeüberschüsse, die durch die Tätigkeit des Unternehmens generiert werden können. Des Weiteren werden bei der Nutzung des Ertragswertverfahrens auch mögliche, verdeckte Gewinnausschüttungen berücksichtigt.[63]

Aufgrund der beim Ertragswertverfahren genutzten Systematik zur Berechnung des Unternehmenswertes erfolgt jedoch grundsätzlich keine Berücksichtigung der im Unternehmen vorhandenen Substanz. Dies bedeutet wiederrum, dass der Argumentation des Kunden in

---

[63] Baden-Württemberg / service-bw (ohne Angabe) Wertermittlung

diesem Zusammenhang zugestimmt werden kann.

Bei dem nicht betriebsnotwendigen Vermögen handelt es sich um alle Vermögensgegenstände, die nicht zur eigentlichen Leistungserbringung im Unternehmen benötigt werden. Dies bedeutet, dass diese Gegenstände aus dem Unternehmen entnommen werden können, ohne dass dies eine Auswirkung auf die ausgeführte Tätigkeit der Firma hätte.[64]

Im vereinfachten Ertragswertverfahren gemäß § 200 BewG erfolgt eine Berechnung des Unternehmenswertes auf der Basis der Kapitalisierung des Jahresgewinnes, zuzüglich des nicht betriebsnotwendigen Vermögens sowie weiteren Vermögens.

---

[64] IHK Lüneburg-Wolfsburg (ohne Angabe) Vereinfachtes Ertragswertverfahren

4.1.2 Discounted Cashflow-Methode

Bei der discounted cash flow Methode wird ebenfalls der Barwert zur Ermittlung des Grenzpreises genutzt. Hierbei erfolgt zunächst eine Orientierung an den Marktpreisen, sodass quasi der Marktwert des im Unternehmen verwendeten Eigenkapitals sich ermitteln lässt.[65]

Daraus kann wiederrum abgeleitet werden, dass für die jeweilige Investitionsentscheidung der Eigenkapital- oder Fremdkapitalgeber eine Mindestverzinsung von grundlegender Bedeutung ist und nicht eine mögliche Alternativinvestition.

Beim discounted Cashflow Verfahren kann im Weiteren zwischen dem Netto- (eyuity approach) und dem Bruttoansatz (entity approach) unterschieden werden. Der Nettoansatz ist mit dem Ertragswertverfahren vergleichbar, sodass dieser weder in der Praxis noch in

---

[65] Schmundt, W. (2008) Die Prognose von Ertragssteuern im Discounted Cash Flow-Verfahren, S. 12

der Theorie angewandt wird. Dies bedeutet wiederrum, dass für die Unternehmensbewertung nur die Bruttomethode von Bedeutung ist, sodass nachfolgend lediglich auf die Bruttomethode eingegangen wird.[66]

Die Bruttomethode kann weiter in den adjusted present valueAnsatz und den weighted average cost of capitalAnsatz unterteilt werden. Der adjusted present valueAnsatz hat sehr hohe Anforderungen an den jeweiligen Bewerter, deshalb wird dieser nur selten verwendet. Daraus kann abgeleitet werden, dass dieses Verfahren für die Bewertung von kleinen und mittleren Unternehmen nicht in Frage kommt. Dementsprechend wird nachfolgend nur auf den weighted average cost of capitalAnsatz eingegangen.[67]

---

[66] Schröder, R. W., Wall, F. (2009) Controlling zwischen Shareholder Value und Stakeholder Value: Neue Anforderungen, Konzepte und Instrumente, S. 43

[67] Ernst, D., Schneider, S., Thielen, B. (2011) Unternehmensbewertungen erstellen und verstehen, 4. Auflage, S. 36ff

Bei der Bruttomethode wird der Gesamtwert des Unternehmens auf der Basis des sogenannten free cashflows ermittelt. Die Ermittlung erfolgt dabei vor Zinsen- und nach Steuerabzug sowie nach Berücksichtigung der Nettoinvestitionen. Zur Diskontierung wird der durchschnittliche, gewogene Kapitalkostensatz herangezogen. Dieser berechnet sich aus den gewichteten Renditeforderungen der Eigen- und der Fremdkapitalgeber. Anschließend wird der Wert des Eigenkapitals ermittelt, indem vom Gesamtwert des Unternehmens der Marktwert des Fremdkapitals subtrahiert wird.

Der free cashflow bildet den erwarteten Gewinn des Unternehmens ab. Im Vergleich zum Ertragswertverfahren wird jedoch eine Finanzierungsneutralität erreicht. Dies bedeutet, dass alle Zahlungsströme aus dem Unternehmensumfeld berücksichtigt werden. Sowohl Zahlungen an die Eigen- als auch die Fremdkapitalgeber werden somit berücksichtigt. Der free cashflow stellt dabei die Gesamtsumme der Zahlungsüberschüsse an die Kapitalgeber dar.

Zur Ermittlung der Eigenkapitalkosten wird eine Verzinsung aus einem risikofreien und einem risikobehafteten Anteil berechnet. Für die Berechnung des risikofreien Anteils werden üblicherweise Bundesanleihen herangezogen. Der risikobehaftete Anteil wird meist auf Basis des CAPM-Modells berechnet. Auf dieses wird jedoch im Rahmen dieser wissenschaftlichen Arbeit nicht näher eingegangen. Für die Fremdkapitalkosten werden hingegen die vertraglich vereinbarten Zinssätze genutzt.[68]

Im Rahmen des discounted cashflow Verfahrens müssen die Unternehmenssteuern berücksichtigt werden. Diese sind teilweise im free cashflow enthalten und werden unter anderem durch die Fremdkapitalzinsen beeinflusst, da

---

[68] Ernst, D., Schneider, S., Thielen, B. (2011) Unternehmensbewertungen erstellen und verstehen, 4. Auflage, S. 51ff

diese wiederrum von der Steuerbemessungs-
grundlage abgezogen werden. Hierbei muss
angemerkt werden, dass die Einkommenssteu-
ern des Unternehmens im Rahmen des discounted cashflow Verfahrens nicht berücksichtigt werden.[69]

Zusammenfassend kann angeführt werden,
dass die discounted cashflow-Methode mit dem
Ertragswertverfahren insoweit vergleichbar ist,
als dass dieselbe Basis, nämlich der Barwert,
genutzt wird. Deutliche Unterschiede ergeben
sich hingegen bei der Ermittlung des free cashflows, da bei der discounted cashflow Methode
ebenfalls die Zahlungen an die Fremdkapitalgeber berücksichtigt werden.

---

[69] Ernst, D., Schneider, S., Thielen, B. (2011) Unternehmensbewertungen erstellen und verstehen, 4. Auflage, S. 279ff

4.1.3 Substanzwertverfahren

Eine weitere Möglichkeit der Unternehmensbewertung bietet das Substanzwertverfahren. Bei dieser Methode wird der jeweilige Marktwert des Vermögens ermittelt. Somit werden alle materiellen Gegenstände, welche die Substanz des Unternehmens bilden, bewertet. Somit stellt der Substanzwert einen Wert dar, der zum aktuellen Zeitpunkt aufgebracht werden müsste, um das Unternehmen in einem gleichen Zustand aufzubauen. [70]

In diesem Zusammenhang wurde daher oftmals kritisch diskutiert, ob es sinnvoll ist, lediglich das im Unternehmen gebundene Kapital zu betrachten, statt die Einnahmen zu bewerten. Dies ist heutzutage daran zu erkennen, dass diese Methode lediglich zur Bewertung der

---

[70] Kreyer, F. (2009) Strategieorientierte Restwertbestimmung in der Unternehmensbewertung, S. 21

Wertuntergrenze oder als Hilfswert für das Ertragswertverfahren eingesetzt wird.[71]

Für die Ermittlung des Substanzwertes existieren in der Wissenschaft unterschiedliche Ansätze, sodass ebenfalls beim Substanzwertverfahren zu erkennen ist, dass keine Standardisierung der Unternehmensbewertung vorliegt.

Aus einer betriebswirtschaftlichen Sichtweise betrachtet, bildet der Substanzwert den Unternehmenswert an einem bestimmten Stichtag ab. Dementsprechend wird häufiger Weise die Bilanz des bewertenden Unternehmens als Basis herangezogen. Zunächst wird der Substanzwert der Aktiva Positionen bewertet. Im Anschluss wird diese Summe um die Verbindlichkeiten des Unternehmens vermindert.[72]

---

[71] Mannek, W. (2012) Handbuch Steuerliche Unternehmensbewertung, S. 115ff

[72] Deimel, K., Heupel, T., Wiltinger, K. (2013) Controlling, S. 318

Das Substanzwertverfahren kann dann angewandt werden, wenn das Unternehmen einen signifikanten Anteil an Anlagevermögen, wie Immobilien und Maschinen aufweist. Somit können die stillen Reserven des Unternehmens in einem ausreichenden Umfang berücksichtigt werden. Dementsprechend kann der ermittelte Substanzwert den bilanziell erfassten Wert deutlich übersteigen. Der Substanzwert eignet sich insbesondere dann, wenn das Unternehmen neue Kredite aufnehmen möchte, da dieser Wert die Beleihungsfähigkeit der Anlagegegenstände darstellt.

Im Rahmen des Substanzwertverfahrens kann im Weiteren auch der immaterielle Wert des Unternehmens berücksichtigt werden. Dies sind der Firmenwert, auch als Goodwill bezeichnet, durch das Unternehmen selbst erstellte Patente, die Qualität des Managements, Markenwerte oder auch der Kundenstamm. Jedoch hängt die Ermittlung des Wertes der im-

materiellen Bestandteile grundsätzlich vom jeweiligen Bewerter ab und ist daher nicht oder
nur begrenzt objektiv.[73]

Wie bereits erwähnt, wird der Substanzwert
in der Praxis nur selten eingesetzt. Dies ergibt
sich insbesondere aus dem Sachverhalt, dass
die Fortführung des Unternehmens und die damit verbundenen Erträge von einer größeren
Bedeutung sind. Auch wenn der Substanzwert
als Hilfswert genutzt werden kann, sollte dieser
nicht als einzige Größe für die Entscheidungsfindung genutzt werden.

4.1.4 Die Multiplikatoren Methode

Die Grundidee der Anwendung der Multiplikatoren Methode liegt darin, einen Vergleich mit anderen auf dem Markt existenten Unternehmen
herzustellen. Dabei muss eine Beobachtung
des Marktes erfolgen und vergleichbare Preise

---

[73] Deimel, K., Heupel, T., Wiltinger, K. (2013) Controlling, S. 323

beziehungsweise Kurse gesammelt oder abgeleitet werden.

Zur Anwendung der Multiplikatoren Methode
müssen zunächst Multiplikatoren definiert werden. „Multiplikatoren sind Größen, die das Verhältnis zwischen dem beobachteten Preis/ Kurs
des Eigenkapitals eines Unternehmens - evtl.
zuzüglich dem beobachteten Preis des Fremdkapitals - und einer Referenzgröße, häufig einer
Erfolgsgröße, widerspiegeln".[74]

Bei börsennotierten Unternehmen ist es relativ einfach, Informationen über den Marktpreis
und Werte wie das Eigen- und Fremdkapital zu
erhalten. Sofern der Bewerter die Möglichkeit
hat, kann dieser auf vergleichbare Transaktionen zurückgreifen.[75]

---

[74] Küster Simic, Dr. A. (2003) Theorien und Praxis der Unternehmensbewertung: Teil G – Multiplikatorenverfahren, S. 2

[75] Küster Simic, Dr. A. (2003) Theorien und Praxis der Unternehmensbewertung: Teil G – Multiplikatorenverfahren, S. 3

Unter Anwendung der Multiplikatoren Methode kann der Unternehmenswert wie folgt berechnet werden:[76]

$$\text{Gesuchter Unternehmenswert des Bewertungsobjekts} = \frac{\text{Beobachteter Preis des Vergleichsunt}}{\text{Bezugsgröße des Vergleichsuntern}}$$

4.1.4.1 Korrekturen bei der Multiplikatoren Methode

Damit eine Vergleichbarkeit bei Gesellschaften
unterschiedlicher Größen sichergestellt werden
kann, besteht die Notwendigkeit, eine Anpassung vorzunehmen. Weitere Abstimmungen
sind bei Volatilitäten sowie landes- und markt-
spezifischen Gegebenheiten notwendig. Durch
diese Anpassung kann ein normalisiertes Ni-
veau erreicht werden. Bei der durchgeführten

---

[76] Küster Simic, Dr. A. (2003) Theorien und Praxis der Unternehmensbewertung: Teil G – Multiplikatorenverfahren, S. 5

Korrektur werden beispielsweise nach Möglichkeit außerordentliche Ergebnisse herausge-
rechnet.

„Hierbei ist grundsätzlich immer darauf zu
achten, dass Bezugs- und Referenzgrößen in
konsistenter Beziehung zueinander stehen und
sich diese immer auf dieselbe Bewertungsdi-
mension beziehen. Dieser Unternehmenswert
wird in der Praxis regelmäßig durch pauschale
Zu- oder Abschläge erhöht oder vermindert, um
die Vergleichbarkeit des Bewertungsobjekts mit
den jeweiligen Vergleichsunternehmen sicher-
zustellen. Diese Zu- oder Abschläge fußen oft
auf subjektiven Erfahrungswerten des Bewertenden und rechtfertigen sich z. B. durch unterschiedliche Wachstumsaussichten, Marktfähig-
keit oder Einflussmöglichkeiten bei den Bewer-
tungsobjekten".[77]

---

[77] Weimar, D., Fox, Dr. A. (2010) Die Bewertung deutscher Fußballunternehmen mit Hilfe der Multiplikatorenmethode, S. 14

4.1.4.2 Ablehnung des Einsatzes der Multiplikatoren Methode

Die Anwendung der Multiplikatoren Methode wird häufiger Weise kritisiert. Insbesondere wird beanstandet, dass jedes Unternehmen eine einzigartige Struktur aufweist, diese wird jedoch bei der Anwendung der Multiplikatoren Methode nicht ausreichend berücksichtigt. Des Weiteren hängt es vom jeweiligen Bewerter ab, welche Unternehmen zum Vergleich herangezogen werden, somit ist eine Objektivität des Bewertungsergebnisses nur begrenzt vorhanden." Bei den aus Unternehmenstransaktionen abgeleiteten Multiplikatoren besteht zusätzlich das Problem einer regelmäßig geringen Anzahl an zeitnahen Transaktionen sowie die eingeschränkte Verfügbarkeit der relevanten Daten".[78]

---

[78] Nestler, Dr. A., Kraus, P. (2003) Die Bewertung von Unternehmen anhand der Multiplikatorenmethode

Zwar ist diese Methode vom Institut der Wirtschaftsprüfer im IDW S1 Standard als zulässige Methode verankert. Jedoch wird gleichzeitig darauf hingewiesen, dass die Multiplikatoren Methode nur als ergänzende Bewertungsmethode genutzt werden sollte und somit nur eine Funktion zur Plausibilisierung des Ergebnisses von anderen Methoden hat.[79]

4.1.5 Liquidationswertermittlung

Bei der Ermittlung des Liquidationswertes wird zunächst unterstellt, dass das Unternehmen aufgelöst wird. Daher erfolgt die Bewertung des Betriebsvermögens basierend auf den Werten, die zum Ermittlungszeitpunkt bei einem Verkauf

---

[79] Hundrieser, M., Mammen, Dr. A., Sassen, Dr. R. (2012) Übertragung von Betriebsvermögen, S. 153

erzielt werden können. Verbindlichkeiten werden mit den jeweiligen Ablösebeträgen angesetzt.[80]

Da somit unterstellt wird, dass die Vermögensgegenstände des Unternehmens einzeln
veräußert werden, wird hierbei oftmals auch
von einer Einzelveräußerung gesprochen. Hierbei tritt jedoch die Problematik auf, dass insbesondere für Sonderanfertigungen, wie beispielsweise Produktionsanlagen keine eindeutige Bewertung möglich ist.[81]

Des Weiteren werden auch Vermögensgegenstände wie Markenname, Kundenstamm
und die personellen Ressourcen bei der Ermittlung des Liquidationswertes nicht erfasst. Ferner müssen auch weitere Kosten für die Liqui-

---

[80] Peemöller, V. H. (Hrsg.) (2005) Praxishandbuch der Unternehmensbewertung, 3. Auflage, S. 83

[81] Timmreck, C. (2003) Unternehmensbewertung bei Mergers & Acquisitions, S. 16

dation berücksichtigt werden. Dies sind üblicherweise Verpflichtungen gemäß des Sozial-
planes und Steuern, die auf den Liquidationser-
lös anfallen.[82]

Der Liquidationswert lässt sich wie folgt ermitteln:[83]

Liquidationswert des Vermögens

- Ablösesumme der Schulden

- zu erwartende Liquidationskosten

= Liquidationswert

Bei der Ermittlung des Substanzwertes erfolgt
eine Bestimmung der Beträge, die aufgewendet
werden müssten, um das Unternehmen zum
jetzigen Stand nachzubauen. Dabei werden die
sich im Unternehmen befindlichen Vermögens-

---

[82] Timmreck, C. (2003) Unternehmensbewertung bei Mergers & Acquisitions, S. 16

[83] Peemöller, V. H. (Hrsg.) (2005) Praxishandbuch der Unternehmensbewertung, 3. Auflage, S. 83

gegenstände zunächst in eine betriebsnotwendige und eine nicht betriebsnotwendige Kategorie unterteilt.[84]

Die Bewertung der betriebsnotwendigen Vermögensgegenstände erfolgt mit dem aktuellen Wiederbeschaffungswert. Somit müssen sowohl Zustand und Alter als auch Restnutzungsdauer des jeweiligen Vermögensgegenstandes berücksichtigt werden.[85]

Die Bewertung der nicht betriebsnotwendigen Vermögensgegenstände erfolgt hingegen mit dem möglichen Veräußerungserlösen.[86] Daher ergibt sich nachfolgende Ermittlung zur Berechnung des Substanzwertes:[87]

Wiederbeschaffungswert des betriebsnotwendigen Vermögens

---

[84] Ballwieser, W. (1993) Unternehmensbewertung, S. 169ff

[85] Ballwieser, W. (1993) Unternehmensbewertung, S. 169ff

[86] Ballwieser, W. (1993) Unternehmensbewertung, S. 169ff

[87] Peemöller, V. H. (Hrsg.) (2005) Praxishandbuch der Unternehmensbewertung, 3. Auflage, S. 80

+ Liquidationswert der nicht betriebsnotwendigen Vermögensgegenstände

- Schulden bei Fortführung des Unternehmens

= Substanzwert

Sofern eine schlechte Ergebnislage im Unternehmen vorliegt, kann das Ergebnis des Liquidationswertes den Wert bei einer Fortführung des Unternehmens auch übersteigen. Daher wird der Liquidationswert üblicherweise auch als Wertuntergrenze für einen Verkauf berücksichtigt. Sofern die potenziellen Verkäufer nicht dazu bereit sind, einen Kaufpreis zu bezahlen, der über dem Liquidationswert liegt, kann daher empfohlen werden, das Unternehmen zu zerschlagen.[88] Hiervon bleiben jedoch soziale Aspekte, wie eine soziale Verpflichtung gegenüber den Mitarbeitern des Unternehmens stets unberücksichtigt.

---

[88] Timmreck, C. (2003) Unternehmensbewertung bei Mergers & Acquisitions, S. 16

4.2 MÖGLICHE PROBLEME DIESER VER-FAHREN

4.2.1 Berücksichtigung des Unternehmerlohns und des Sonderbetriebsvermögens

Oftmals besteht die Problematik, dass der Aufwand, der zur Ausübung der Tätigkeit durch den Unternehmer nicht im Aufwand der Unternehmung berücksichtigt wurde. Dies führt zu der Problematik, dass der berechnete Ertragswert mitunter deutlich zu hoch ist.[89]

Somit würde ein potenzieller Erwerber einen zu hohen Preis bezahlen und zeitgleich noch für das Unternehmen tätig werden beziehungsweise einen Mitarbeiter mit einer vergleichbaren Qualifizierung einstellen. Daher ist es not-

---

[89] Appelhoff, Dr. H.-W. (2010) Planung und Umsetzung der Unternehmensnachfolge, S. 43

wendig, dass der kalkulatorische Unternehmerlohn bei der Berechnung des Ertragswertes berücksichtigt wird.

Damit ein realistischer, kalkulatorischer Unternehmerlohn angesetzt wird, muss zunächst
eine Vergleichsgrundlage gefunden werden.
Als Vergleichsgrundlage wird üblicherweise die
Vergütung, die einem Fremdgeschäftsführer
mit einer vergleichbaren Qualifizierung gezahlt
werden müsste, genutzt.[90]

Nachdem dieser Wert berechnet wurde,
kann dieser bei der Korrektur des Ertragswertes
angesetzt werden, sodass sich, je nach Unternehmen, mitunter ein deutlich verminderter Ertragswert ergibt. Somit erhält der Verkäufer
zwar einen geringeren Verkaufspreis, jedoch
besteht die Notwendigkeit zur Berücksichtigung

---

[90] Appelhoff, Dr. H.-W. (2010) Planung und Umsetzung der Unternehmensnachfolge, S. 43

des kalkulatorischen Unternehmerlohnes, anderenfalls würde ein Verkauf zu einem überhöhten Preis durchgeführt werden.

Da es sich bei einem Gegenstand des Sonderbetriebsvermögens um ein Objekt handelt, das im Privatvermögen gehalten wird, ist es zunächst denkbar, diesen Vermögensgegenstand bei einem Unternehmensverkauf nicht mit zu verkaufen.[91]

Sofern das Sonderbetriebsvermögen nicht mit verkauft wird, kann dieses im Unternehmen auch nicht als gewillkürtes Betriebsvermögen angesetzt werden. Somit muss dieser Vermögensgegenstand gewinnerhöhend aus dem Unternehmen entnommen werden.[92]

In diesem Zusammenhang kann beispielsweise die Problematik entstehen, dass sich das

---

[91] Mannek, W. (2012) Handbuch Steuerliche Unternehmensbewertung, S. 233

[92] Frotscher, Dr. G. (2010) Kommentar zum Einkommenssteuergesetz, EStG Anhang 3 zu § 15 EStG, Rz. 266

Grundstück der Firma im Sonderbetriebsvermögen befindet, das Gebäude jedoch im Unter-
nehmensvermögen. Dabei wären mehrere Lö-
sungsmöglichkeiten denkbar:

- Der neue Eigentümer bezahlt Pacht für
  das Grundstück an den Verkäufer
- Der neue Eigentümer kauft das Grundstück zusätzlich vom Verkäufer
- Der neue Eigentümer verkauft die Immo-
  bilie an den Verkäufer und wechselt an
  einen neuen Standort

4.2.2 Zeitaufwand der Unternehmensbe-
wertung

Die Durchführung einer Unternehmensbewertung kann abhängig von der jeweiligen Firma
mit einem großen Zeitaufwand verbunden sein.
Dies hängt insbesondere von den Vermögensgegenständen, die das Unternehmen hält, ab.
Beispielsweise kann die Bewertung einer Son-

dermaschine mit einem hohen Zeitaufwand verbunden sein, da für derartige Vermögensgegenstände üblicherweise kein Markt existiert
und somit nicht auf Marktpreise zurückgegriffen
werden kann.

Des Weiteren ist die Bewertung von der Anzahl der zu bewertenden Vermögensgegenstände des Unternehmens abhängig, da bei der
Bemessung nicht auf den bilanziellen Wert zurückgegriffen werden kann. Stattdessen
müsste für jeden einzelnen Vermögensgegenstand ein realistischer Wert, beispielsweise
durch einen Vergleich mit auf dem Markt ange-
botenen Vermögensgegenständen ermittelt
werden.

Insbesondere die Beschaffung von externen
Informationen zur Ermittlung des Unternehmenswertes kann mit einem hohen Zeitaufwand verbunden sein. Auch wenn zur Wertermittlung oftmals auf Werte aus fachspezifischen
Datenbanken zurückgegriffen werden kann, ist

dies nicht für jeden Vermögensgegenstand möglich.

4.2.3 Kritik am discounted cashflow Verfahren

Insbesondere unter Berücksichtigung der sich stetig ändernden Faktoren an den Märkten sowie dem kontinuierlich anwachsenden Wettbewerb stößt der discounted cashflow Ansatz an seine Grenzen. Diese Problematik ergibt sich insbesondere durch den starren Planungsansatz mit den „expected scenario" cashflows.[93]

Bei der Anwendung dieser Methode wird unterstellt, dass das Bewertungsobjekt zu jedem Zeitpunkt der Investitionslaufzeit den gleichen Barwert aufweist. In der Realität ist es jedoch notwendig, dass die Unternehmensleitung auf die Veränderungen am Markt reagiert, damit

---

[93] Trigeorgis, L. (1996) Real options, managerial flexibility and strategy in resource allocation, S.1

der optimale Wert des Bewertungsobjekts erzielt werden kann.

Das Verhalten des Managements führt dazu, dass sich das Ergebnis des Bewertungsobjektes stetig ändern kann. Somit kann dieser Wert von dem Wert, der mit dem discounted cashflow Verfahren ermittelt wurde, abweichen und mitunter deutlich unterbewertet sein.

Die flexiblen Reaktionen des Managements auf neue Informationen sind mittels discounted cashflow Verfahren nicht quantifizierbar. Dementsprechend können Erweiterungen, Verzögerungen und Abbrüche auch nicht berücksichtigt werden. Dies ist hingegen im Realoptionsansatz möglich.

5 REALOPTIONEN IN DER UN- TERNEHMENSBEWERTUNG

5.1 DEFINITION REALOPTIONEN

Der Begriff der „Realoption" wurde im Jahre 1977 durch Myers begründet. Bei der von Myers aufgestellten Investitionstheorie erfolgt eine Übertragung des Optionspreises auf die realen Bereiche aus der Wirtschaft. Dadurch soll eine Bewertung der operativen sowie der strategischen Wahlmöglichkeiten, auch Realoptionen genannt, ermöglicht werden.

Nach Myers ist jedes Investment zunächst eine Option. Diese soll insbesondere dem Wachstum dienen, daher wird diese Option auch als Wachstumsoption bezeichnet. Durch diese ergeben sich Auswirkungen auf den Wert des Unternehmens sowie dessen finanzielle Ausrichtung.

Die Basis der Theorie der Realoption von Meyers bildet dabei die finanzielle Optionspreistheorie im Kapitalmarkt. Nach Copeland und Antikarov bedeutet eine Realoption, dass ein Recht zur Ausübung einer Option zu einem im Vorfeld festgelegten Preis und innerhalb eines festgelegten Zeitraumes möglich ist. Die Ausübung dieser Option ist jedoch nicht zwingend notwendig.[94]

Dementsprechend bedeutet dies, dass ein Unternehmen die Möglichkeit hat in Projekte oder Güter zu investieren. Diese Investitionen können jedoch auch abgebrochen, aufgeschoben oder erweitert werden.

Dies wird bei Copeland und Antikarov in einem Beispiel verdeutlicht: Eine Person unternimmt eine Reise von A nach B. In diesem Zusammenhang weisen Copeland und Antikarov darauf hin, dass sich diese Person nicht auf eine grobe Beschreibung des Weges verlassen würde. Stattdessen würde sie eine möglichst

---

[94] Allgeier, H. (2002) Realoptionen: Das Handbuch für Finanz-Praktiver, S. 21

detaillierte Karte mit den unterschiedlichen Reiserouten erstellen oder ein Navigationsgerät nutzen sowie ein Radio für Stau- und Wettermeldungen mitnehmen.

All diese zuvor aufgeführten Handlungen des Reisenden können als Realoption verstanden werden. Die grundlegende Investition stellt dabei die Landkarte, das Navigationsgerät sowie das Radio dar. Durch die Investition soll ermöglicht werden, dass der Reisende möglichst schnell ans vorgegebene Ziel gelangt und gegebenenfalls Hindernissen ausweichen kann. Somit liegt eine Investition in eine erhöhte Flexibilität vor, die im Weiteren auch dazu dient, Zeit und Kraftstoffkosten einzusparen.[95]

Die getätigte Investition in die Flexibilität kann dabei als Realoptionen interpretiert wer-

---

[95] Copeland, T., Antikarov, V. (2001) Real Options: A Practitioner's Guide, S. 5

den. Daraus resultiert ein Wertbeitrag unter Unsicherheit.[96] Dieser entspricht dem erweiterten Handlungsspielraum des Reisendes sowie der Zeitersparnis, die unter Berücksichtigung der Unsicherheit (Stau) während der Reise eintreten kann.

Nach Rams entsteht eine Realoption, wenn die nachfolgenden Voraussetzungen erfüllt werden: „Besteht auf der einen Seite das Recht oder allgemeiner - die Möglichkeit, ein „upside potential" der wirschaftlichen Erträge zu nutzen und kann auf der andren Seite zugleich deren „downside risk" begrenzt werden, so wird allgemein von realwirtschaftlichen Optionsrechten oder einfach „Realoptionen" gesprochen".[97]

---

[96] Meyer, B.-H. (2006) Stochastische Unternehmensbewertung, der Wertbeitrag von Realoptionen, S.162

[97] Rams, H. (2001) Die Bewertung von Kraftwerksinvestitionen als Realoption, S.157

Nach Peemöller et Al sind Realoptionen „re-
alwirtschaftliche Optionsrechte, die dem Unternehmen Reaktion auf neue Informationen entsprechend in seinem Sinne ermöglichen".[98]

Schäfer weist im Zusammenhang mit Realoptionen darauf hin, dass diese ein Flexibili-
tätspotenzial für die Unternehmen bei Investitionen darstellen. Somit ergeben sich weitere
Auswirkungen auf die zukünftigen Handlungsspielräume des Managements beziehungsweise des jeweiligen Investors.[99]

Somit werden alle Investitionen, die in Güter
am realen Markt getätigt werden, als Realoptionen eingestuft. Die Wahlmöglichkeit wird dabei
durch das jeweilige Management getroffen.
Diese Entscheidungen können entweder zu höheren Renditen oder auch zu Verlusten führen.
Andererseits muss darauf hingewiesen werden,

---

[98] Peemöller, V. H. et Al (2004) Praxishandbuch Unternehmensbewertung, 3. Auflage, S.797

[99] Schäfer, H. (1999) Unternehmensinvestitionen, Grundzüge in Theorie und Management, S.388

dass es notwendig ist, dass sich das Management aktive an die sich stetig ändernden Rahmenbedingungen anpasst.

Grundsätzlich haben die Realoptionen für
das jeweilige Management den Vorteil der erhöhten Flexibilität. Dieser Vorteil ist insbesondere dann von grundlegender Bedeutung,
wenn der Ausgang eines Projektes nicht sicher
ist. Nach Peemöller et Al verfügt ein Unternehmen über Realoptionen, wenn dieses aus der
Kombination des Potenzials „des Managements, dem technologischen Know-how, der
Marktposition usw. eigene Investitionsmöglichkeiten erschafft".[100]

Wie sich die Realoptionen auf die Entscheidungen für und gegen Investitionen, auf die
Strategie des Managements und die Bewertung
eines Unternehmens auswirken, wird im Kapitel
5 dieser wissenschaftlichen Arbeit verdeutlicht.

---

[100] Peemöller, V. H. et Al (2004) Praxishandbuch Unternehmensbewertung, 3. Auflage, S.804

5.2 BERÜCKSICHTIGUNG VON REALOP-TIONEN IN DER UNTERNEHMENSBE-WERTUNG

Zur Berücksichtigung der Realoptionen in der Unternehmensbewertung existieren zwei unterschiedliche Möglichkeiten: In der ersten wird das Unternehmen in seiner Gesamtheit als Option betrachtet. Dies setzt jedoch voraus, dass sein Wachstum im vorliegenden Zahlenmaterial hinreichend abgebildet wird.[101]

Sofern diese Methode genutzt wird, erfolgt eine Einstufung der Aktivseite der Bilanz als Call-und der Passivseite als Put-Option. Die auf der Aktivseite vorhandenen Optionen können zur Steigerung der Flexibilität genutzt werden. Dementsprechend dienen diese als Entscheidungsgrundlage für das Management in Bezug auf den Ausübungszeitpunkt von Einlagen.

---

[101] Kuhner, C., Maltry, H. (2006) Unternehmensbewertung, S. 289

Eine von Copeland et Al durchgeführte Studie zeigt auf, dass der Barwert einer Investition, bei der die Aktiva Positionen als Option eingestuft wurden, um 30 bis 40% über dem Barwert von Einlagen ohne eine derartige Option liegen.[102]

Die Optionen auf der Aktivseite der Bilanz können verschiedene Typen von Realoptionen annehmen. Zum einen besteht die Option zum Aufschub, zum anderen auch zur Erweiterung beziehungsweise zur Einschränkung. Ebenfalls besteht die Option auf einen Abbruch der Investition sowie eine Wachstumsoption.

Die auf der Passivseite der Bilanz vorhandenen Optionen werden üblicherweise durch Wandelanleihen, Eigenkapital- und Aktienoptionen repräsentiert. Diese Optionen ermöglichen dem Management eine erhöhte Flexibilität in Bezug auf die Kapitalbeschaffung.

---

[102] Copeland, T., Koller, T., Murrin, J. (2000) Valuation-Measuring and Managing, the Value of Companies, 3.Auflage, S. 343

Somit besteht gegebenenfalls die Möglichkeit, zusätzliches Kapital durch die Emission
von Wandelschuldverschreibungen zu generie-
ren. Die Inhaber dieser Schuldverschreibungen
haben grundsätzlich die Möglichkeit, diese in einem zuvor festgelegten Verhältnis in Aktien des
Unternehmens umzutauschen. Dementsprechend erfolgt die Einstufung dieser Option auch
als Call Option.

Unter der Berücksichtigung des amerikanischen Put wäre es dem Unternehmen grundsätzlich auch möglich, Leasingverträge abzu-
schließen. Dies bedeutet, dass dem Leasing-
nehmer das Recht eingeräumt wird, den Lea-
singvertrag gegen Zahlung einer Gebühr vor-
zeitig zu kündigen oder auch gegen Zahlung einer Ablösesumme das Leasingobjekt nach Ver-
tragsende zu übernehmen. Diese Option kann

wiederrum als europäischer Call bezeichnet werden.[103]

Die zweite Möglichkeit besteht darin, dass lediglich die grundlegenden Unternehmenswerte der Passivseite der Bilanz unter Anwendung des discounted cashflow Verfahrens ermittelt werden. Dementsprechend werden Chancen durch die Nutzung von Synergieeffekte sowie von zukünftigen Entwicklungen des Unternehmens durch das discounted cashflow Verfahren nicht berücksichtigt.

Die Synergieeffekte und zukünftigen Entwicklungen werden durch den Realoptionsansatz ermittelt, so dass die Werte der jeweiligen Realoptionen den Barwert der möglichen Handlungsspielräume sowie die Wahlmöglichkeiten des Managements repräsentieren.[104]

---

[103] Copeland, T., Koller, T., Murrin, J. (2000) Valuation-Measuring and Managing, the Value of Companies, 3.Auflage, S. 344

[104] Dück-Rath, M. (2005) Unternehmensbewertung mit Hilfe von DCF-Methoden und ausgewählten Realoptionsansätzen, S. 160

Die sich auf der Aktivseite der Unterneh-
mensbilanz befindlichen Realoptionen werden
zu dem Unternehmenswert der Passivseite hin-
zugerechnet. Die Gesamtsumme stellt dementsprechend den Gesamtwert des Unternehmens
dar.[105]

Bei der Ermittlung der Realoptionswerte ist
im Weiteren zu berücksichtigen, ob es sich um
einzelne oder um verbundene Realoptionen
handelt. Isolierte Optionen sind dementsprechend einzeln zu bewerten und müssen anschließend addiert werden.

Sofern die Optionen in Beziehung zu einem
bestimmten Basisobjekt oder zueinander stehen, ist der Wert der Option aus dem Portfolio
von Realoptionen zu bilden.[106] In diesem Zusammenhang muss beachtet werden, dass die

---

[105] Myers, S. C. (1977) Determinants of Corporate Borrowing, S. 150

[106] Dück-Rath, M. (2005) Unternehmensbewertung mit Hilfe von
DCF-Methoden und ausgewählten Realoptionsansätzen, S. 240

Wachstumsraten und Risiken nicht zu den Werten der Realoptionen addiert werden dürfen.[107]

Grundsätzlich sollte darauf hingewiesen werden, dass nicht alle Realoptionen zur Steigerung des Unternehmenswertes beitragen können. Beispielsweise hat eine Ersatzinvestition keine Auswirkung auf den Unternehmenswert. Die Realoptionen wirken sich nur dann auf den Unternehmenswert auf, wenn die nachfolgenden fünf Faktoren zur selben Zeit gegeben sind. Dies sind der Faktor der Unsicherheit, die Handlungsflexibilität, die Irreversibilität der Investitionsauszahlung, der richtige Ausübungszeitpunkt sowie ein Kapitalwert ohne Flexibilität nahe Null.[108] Auf diese Faktoren, die die Grundlage für die Handlungsspielräume bilden und somit zur Wertsteigerung des Unternehmens

---

[107] Meyer, B.-H. (2006) Stochastische Unternehmensbewertung, der Wertbeitrag von Realoptionen, S. 166

[108] Copeland, T., Antikarov, V. (2001) Real Options: A Practitioner's Guide, S. 14

beitragen, wird nachfolgend noch näher eingegangen.

Die Unsicherheit gemäß den Kriterien der
Realoptionen ist das nicht vorhandene Wissen
in Bezug auf die zukünftigen Rückflüsse aus
der getätigten Investition. Die Unsicherheit wird
sowohl von internen als auch von externen Faktoren beeinflusst. Dieses Risiko kann wiederrum als Standardabweichung vom erwarteten
Wert quantifiziert werden.

Die externen Risiken entstehen durch die
Veränderungen auf den Märkten. Somit müssen bei ihrer Betrachtung sowohl Produktle-
benszyklen als auch Einkaufs- und Verkaufs-
preise berücksichtigt werden. Die internen Risiken entstehen hingegen im Unternehmen
selbst. Beispielsweise kann sich der Wechsel
einer Führungskraft stark auf die Motivation der

Mitarbeiter und somit auch auf die Produktivität auswirken.[109]

Die Handlungsflexibilität beschreibt hingegen die Reaktionsfähigkeit der Unternehmensführung auf aktuelle Veränderungen im Unternehmensumfeld. Insbesondere bei Investitionen ist es notwendig, dass das Management auf neue Informationen reagiert. Dementsprechend muss auch ein ausreichend großer Handlungsspielraum vorhanden sein, damit der Aufwand der Entscheidungsfindung nach der Prüfung der verfügbaren Ressourcen beziehungsweise Kapazitäten auf ein Minimum reduziert werden kann.[110]

Die Irreversibilität der Investitionszahlungen bezieht sich insbesondere auf die sogenannten

---

[109] Copeland, T., Antikarov, V. (2001) Real Options: A Practitioner's Guide, S. 14

[110] Copeland, T., Antikarov, V. (2001) Real Options: A Practitioner's Guide, S. 14

„sunk costs". Dies sind Aufwendungen für Planung oder Marketing, die nicht mehr rückgängig gemacht werden können.[111] Im Vergleich dazu können die Investitionsobjekte, auch wenn üblicherweise mit einem Wertverlust, wieder veräußert werden.[112] Daher ist es notwendig, im Vorfeld alle möglichen Szenarien zu analysieren, sodass diese Kosten auf ein Minimum reduziert werden können.

Oftmals bildet die Kapitalwertmethode die Grundlage für Investitionsentscheidungen. Gemäß der Kapitalwertmethode ist eine Investition lohnenswert, wenn der Barwert (net present value) der Investition größer Null ist. Der net present value wird ermittelt, indem die Anschaffungskosten vom Barwert der Investition subtrahiert werden. Der Barwert wird ermittelt, in dem

---

[111] Meyer, B.-H. (2006) Stochastische Unternehmensbewertung, der Wertbeitrag von Realoptionen, S. 163

[112] Seppelfricke, P. (2003) Handbuch Aktien- und Unternehmensbewertung, S. 103

der erwartete zukünftige Cashflow mit dem Diskontierungssatz abgezinst wird.[113]

Nach Berechnung des net present Vvalues kann das Management die Entscheidung für oder gegen eine Investition treffen. Durch die mathematische Berechnung, ist die Reaktionsfähigkeit des Managements als niedrig einzustufen, da die Sicherheit vorausberechnet werden kann. Sofern der net present value jedoch nahe Null ist, kann die Investition als fragwürdig eingestuft werden, sodass eine Entscheidung des Managements notwendig ist.

Jedoch kann auch bei einem positiven net present value nicht grundsätzlich abgeleitet werden, dass die Investition zu einem Erfolg führt. Hierbei kommt es insbesondere auch auf den Zeitpunkt, zu dem die Investition getätigt wurde an.[114] Myers und Brealey gehen davon

---

[113] Myers, S. C., Brealey, R. A. (2000) Principles of corporate finance, 6. Auflage, S. 99

[114] Myers, S. C., Brealey, R. A. (2000) Principles of corporate finance, 7. Auflage, S. 622

aus, dass die Investition zu einem höheren Cashflow führt, wenn diese erst zu einem späteren Zeitpunkt getätigt wird.

Sofern sich jedoch ein positiver net present value ergibt und lediglich eine Jetzt oder Nie Entscheidung möglich ist, sollte sofort die Call-Option ausgeübt werden. Die Ausübung der Call-Option ist jedoch nur dann sinnvoll, wenn der zukünftige Cashflow beziehungsweise dessen Barwert die Kosten der Investition decken kann.

Ist der net present value hingegen negativ oder nahe Null oder liegt eine hohe Unsicherheit vor, sollte das Management die Entscheidung zunächst verschieben und zeitgleich den Markt beobachten. Sofern abzusehen ist, dass die Nachfrage ansteigt, die Konjunktur anzieht, die Wettbewerbsfähigkeit verbessert werden kann oder die Kosten optimiert werden können, kann von einem optimalen Zeitpunkt für die Investition ausgegangen werden.

Dementsprechend werden die zukünftigen Cashflows des Unternehmens von internen und externen Parametern beeinflusst. Die externen Parameter repräsentieren die Nachfrage und die damit verbundenen Umsätze, während die internen Handlungen die Entscheidungen des Managements zum „richtigen" Zeitpunkt repräsentieren. In diesem Zusammenhang muss darauf hingewiesen werden, dass es für das Unternehmen eine große Herausforderung darstellt, den „richtigen" Zeitpunkt für die Investition zu ermitteln.

6 GESTALTUNGSEMPFEHLUN-GEN FÜR KMU

6.1 EINFLUSS BEI DER BERECHNUNG DES BETAFAKTORS

Das CAPM wurde in der Literatur vielfach untersucht. Durch empirische Unterstützung wurde der Erklärungsgehalt in vielen Studien näher beleuchtet. Dabei wurde ebenfalls der Betafaktor betrachtet und unterschiedliche Markt- Indizes zu Grunde gelegt. Auch wurden verschiedene Renditeintervalle (Quartalsweise, monatlich, wöchentlich, täglich) ausgewählt und auf unterschiedlichen Regressionslängen (1 Jahr, 2, Jahre, usw.) angewandt. Dabei ist zu erkennen, dass sowohl die ausgewählten Intervalle als auch die jeweiligen Wochentage einen Einfluss auf den Betafaktor haben.

Da der Betafaktor sich auf die Berechnung des Unternehmenswertes auswirkt, haben somit auch die Intervalle und der ausgewählte

Wochentag einen Einfluss auf den Unternehmenswert. Für die Berechnung des Betafaktors ist es zunächst notwendig, dass ein geeigneter Index beziehungsweise ein adäquates Marktportfolio ausgewählt wird.

Die optimale Lösung wäre dabei ein Marktportfolio, das alle auf der Welt existierenden, riskanten Anlagemöglichkeiten abdeckt. Dieses existiert jedoch nicht, deshalb werden üblicherweise Aktienindizes als Basis genutzt. Dementsprechend besteht entweder die Möglichkeit, einen nationalen oder einen internationalen Index zu nutzen.

Nach Stutz kann jedoch die Auswahl eines nationalen Indizeszu einer fehlerhaften Berechnung des Unternehmenswertes führen. Im Weiteren führt Stutz aus, dass insbesondere in kleineren Ländern das Risiko auf Basis eines internationalen Indizes ermittelt werden sollte.[115]

---

[115] Stutz, R. M. (1995) The cost of capital in internationally integrated markets – The case of Nestlé, S. 20

Die Behauptung von Stutz wird von Koller, Goedhard und Wessels unterstützt. Diese führen im Weiteren aus, dass stets ein internationaler Index eingesetzt werden sollte, damit Verzerrungen aufgrund von unterschiedlichen Branchengewichtungen vermieden werden können.[116]

Jedoch kann keine eindeutige Aussage über die Vorteilhaftigkeit eines Indizesgegenüber einem anderen Index festgestellt werden. Dies beruht insbesondere auch auf der Tatsache, dass die Bestimmung der Effizienz eines Aktien- Indizesaufgrund der Unbeobachtbarkeit des Marktportfolios ein unlösbares Problem darstellt.[117]

---

[116] Koller, T., Goedhart, M., Wessels, D. (2010) Valuaation – Measuring and managing the value of companies, 5. Auflage, S. 253

[117] Zimmermann, P. (1997) Schätzung und Prognose von Betawerten – Eine Untersuchung am deutschen Aktienmarkt, S. 92

Jedoch kann davon ausgegangen werden, dass die Effizienz eines Indizesmit zunehmender Anzahl der darin befindlichen Assets ansteigt. Des Weiteren existiert auch noch eine Vielzahl von Wahlmöglichkeiten bezüglich der Zusammensetzung, Gewichtung, Bereinigung und der Berechnung.[118]

Auf der anderen Seite zeigen empirische Studien jedoch, dass bei einer ausreichenden Anzahl von Aktien im jeweiligen Index der Betafaktor nur geringfügig beeinflusst wird. Beispielsweise zeigt die Studie von Michael Winkelmann, in der vier deutsche Aktien- Indizesmiteinander verglichen wurden, eine Korrelation zwischen + 0,97 und + 0,99. Bei der Betrachtung dieser geringen Bandbreite kann so-

---

[118] Bleymüller, J. (1966) Theorie und Technik der Aktienkursindizes, S. 60ff

mit bestätigt werden, dass die Auswahl der Ak-
tien- Indizesnur eine marginale Auswirkung
hat.[119]

Auch wenn die jeweiligen Indizes neben Aktien weitere Vermögensgegenstände enthalten,
weist die Berechnung kaum Abweichungen von
den „normalen" Börsen-Indizes. Ebenfalls sind
kaum Abweichungen zwischen dem Perfor-
mance- und Kursindex zu erkennen.[120]

Hingegen ist die Auswahl des Renditeintervall, der zur Berechnung des Betafaktors genutzt wird von grundlegender Bedeutung. Dies
bestätigt unter anderem eine Studie von Scholes und Williams aus dem Jahre 1977 für den
amerikanischen Markt. Insbesondere bei Aktien, die eine hohe Liquidität aufwiesen, konnte
ein signifikanter Unterschied des Betafaktors

---

[119] Winkelmann, M. (1918) Indexwahl und Performance-Messung, S. 475

[120] Ulschmid, C. (1994) Empirische Validierung von Kapitalmarktmodellen – Untersuchung zum CAPM und zur APT für den deutschen
Aktienmarkt, S. 188

bei monatlicher, wöchentlicher oder täglicher Ermittlung verzeichnet werden. Dieser Effekt wurde von Scholes und Williams auch als „Intervalling-Effekt" bezeichnet.[121]

Dies deutet wiederrum auf eine weitere Problematik hin, da keine standardisierte Festlegung eines Renditeintervalls möglich ist. Dies kann im Weiteren auch bei der Betrachtung des einperiodigen sowie des mehrperiodigen CAPM und der Arbitrage pricing Theorie bestätigt werden.[122]

Dementsprechend weist eine Vielzahl von Autoren darauf hin, dass der Anlagehorizont eines durchschnittlichen Investors und somit ein längerer Anlagehorizont ausgewählt werden

---

[121] Dörschell, A., Franken, L., Schulte, J. (2010) Kapitalkosten für die Unternehmensbewertung – Branchenanalysen für Betafaktoren, Fremdkapitalkosten und Verschuldungsgrade, S. 54

[122] Zimmermann, P. (1997) Schätzung und Prognose von Betawerten – Eine Untersuchung am deutschen Aktienmarkt, S. 99

sollte.[123] Der Vorteil der Auswahl von einem langen Zeitraum liegt in den günstigeren statistischen Eigenschaften sowie der Umgehung von Messfehlern. Andererseits wird durch die Auswahl eines längeren Intervalls die Anzahl der vorhandenen Datenpunkte in der jeweiligen Stichprobe reduziert, sodass hierdurch unter anderem eine Ungenauigkeit entstehen kann.

Dies bedeutet wiederrum, dass auf das Vorhandensein ausreichender Datenpunkte für die Auswertung geachtet werden muss. Jedoch muss dabei auch berücksichtigt werden, dass durch einen verlängerten Beobachtungszeitraum auch die Wahrscheinlichkeit des Auftretens von Strukturbrüchen ansteigt.[124]

Somit bestätigt sich ein deutlicher Zusammenhang zwischen dem Renditeintervall und

---

[123] Unter anderem: Möller, H.-P. (1986) Bilanzkennzahlen und Ertragsrisiken des Kapitalmarktes – Eine empirische Untersuchung des Ertragsrisiko-Informationsgehaltes von Bilanzkennzahlen deutscher Aktiengesellschaften, S. 25

[124] Sharpe, W. F., Cooper, G. M. (1972) Risk-Return Classes of New York Stock Exchange Common Stocks, 1931-1967, S. 52

der ausgewählten Regressionslänge. Dies führt zu der Schlussfolgerung, dass diese Parameter nicht unabhängig voneinander festgelegt werden dürfen.

Ein weiterer Faktor, der einen Einfluss auf den Betafaktor hat, ist die Auswahl des zu Grunde gelegten Wochentags. Für den deutschen Aktienmarkt wurde dies unter anderem durch eine Studie von Zimmermann über den Zeitraum von 1974 bis 1991 bestätigt.[125] In diesem Zusammenhang muss jedoch darauf hingewiesen werden, dass sich sowohl die Studie von Zimmermann als auch weitere Studien nur auf lokale Aktienmärkte beziehen, sodass keine allgemeingültige Aussage für andere Aktienmärkte abgeleitet werden kann.

Daraus kann letztendlich abgeleitet werden, dass der jeweilige Bewerter bei der Durchführung einer Unternehmensbewertung durch die

---

[125] Zimmermann, P. (1997) Schätzung und Prognose von Betawerten – Eine Untersuchung am deutschen Aktienmarkt, S. 112ff

Auswahl des Betafaktors in der Berechnung einen deutlichen Einfluss ausüben kann. Dementsprechend muss dieser sehr sorgsam bei der Auswahl des Betafaktors vorgehen und gegebenenfalls auch mehrere Betafaktoren miteinander vergleichen, sodass eine möglichst geringe Toleranz gegeben ist.

6.2 GESTALTUNGSMÖGLICHKEITEN BEI DER ERMITTLUNG DER EIGENKAPITALKOSTEN

Die Bestimmung der Kapitalkosten kann im Allgemeinen als problematisch eingestuft werden. Dementsprechend müssen auch die Einflüsse der Kapitalkosten beachtet werden. Zudem bietet es sich an, die finanzwirtschaftlichen Hilfestellungen bei der Ermittlung der Kapitalkosten zu berücksichtigen.

Auch die Frage, in welcher Art und Weise die Finanzwirtschaftslehre bei der Ermittlung der Kapitalkosten unterstützend eingesetzt werden kann, ist nicht pauschal zu beantworten. Dies liegt insbesondere daran, dass in der Finanzwirtschaftslehre eine Vielzahl von unterschiedlichen Denkansätzen vorhanden ist.[126]

Damit die Ausprägungen sowie die Funktionen der Kapitalkosten innerhalb der einzelnen finanzwirtschaftlichen Ansätze aufgezeigt werden können, ist es zunächst notwendig, die unterschiedlichen Konzeptionen der Forschung voneinander abzugrenzen. Hierbei kann eine Unterteilung in den traditionellen, den neoklassischen sowie in den neoinstitutionalistischen Ansatz vorgenommen werden.[127]

6.2.1 Der traditionelle Ansatz

Der traditionelle Ansatz wurde unter anderem von Schmalenbach begründet. Der Fokus liegt dabei auf einem deskriptiv-pragmatischen

---

[126] Schmidt, Finanzierungstheorie, S. 3ff

[127] Kloster, Kapitalkosten, S. 48ff

Denkansatz. Dies bedeutet, dass die Tatbe-
stände aus den realen Abläufen möglichst vollständig und genau beschrieben werden sollten.
Aus diesen Daten sollten im Weiteren Hand-
lungsempfehlungen für die Praxis abgeleitet
werden können.[128]

Da somit jedoch eine Vielzahl von Rahmenbedingungen und beteiligten Stakeholdern berücksichtigt werden müssen, führt dies zu einer
sehr hohen Komplexität dieses Verfahrens.
Dies resultiert in der Problematik, dass es na-
hezu nicht möglich ist, allgemeingültige Aussagen abzuleiten.[129]

Stattdessen können üblicherweise nur spezi-
elle Problemstellungen analysiert werden. Daher steht im Fokus des traditionellen Ansatzes

---

[128] Bartscherer, M. (2004) Investor Relations in Versicherungsunter-
nehmen (-konzernen), S. 31

[129] Ermschel, U., Möbius, C., Wengert, H. (2011) Investition und Finanzierung, 2. Auflage, S. 103ff

auch die Lösung für Problemstellungen eines speziellen Unternehmens.[130]

Jedoch ist die Ermittlung der Kapitalkosten im traditionellen Ansatz von grundlegender Bedeutung. Dabei liegt der Fokus jedoch nicht nur auf der Liquiditätssicherung, sondern auch auf einer möglichst hohen Kreditwürdigkeit. Ebenfalls wird im traditionellen Ansatz berücksichtigt, zu welchen Konditionen das jeweilige Unternehmen die finanziellen Mittel beschaffen kann.[131]

Durch dieses Konzept soll eine möglichst kostengünstige Finanzierung für das jeweilige Unternehmen sichergestellt werden. Dies beruht insbesondere auch darauf, dass die Kosten für die Kapitalbeschaffung von großer Wichtigkeit sind, wenn ein Unternehmen eine Entscheidung für oder gegen eine Investition trifft.

---

[130] Tiemann, K. (1997) Investor Relations, S. 82

[131] Tiemann, K. (1997) Investor Relations, S. 83

Bei der Ermittlung der Kapitalkosten wird stets ein unvollkommener Kapitalmarkt berücksichtigt. Dementsprechend muss auch eine Vielzahl an Finanzierungsinstrumenten mit einbezogen werden. Dementsprechend ist wiederrum eine erhöhte Komplexität gegeben, jedoch wird versucht, eine möglichst genaue Quantifizierung der Finanzierungsmaßnahmen und deren Auszahlungen vorzunehmen.[132]

Trotz der Komplexität kann somit auch die Vielzahl von verschiedenen Kosten realitätsnah bestimmt und auch komplexe Finanzierungsalternativen berücksichtigt werden.

Auf der anderen Seite ist es nicht möglich, die einzelnen Kostenkomponenten, insbesondere, deren einzelne Bestandteile, numerisch zu bestimmen, da diese nicht immer zu einer Auszahlung führen. Dies ergibt sich insbesondere daraus, dass in der Praxis oftmals nicht

---

[132] Ermschel, U., Möbius, C., Wengert, H. (2011) Investition und Finanzierung, 2. Auflage, S. 69ff

klar ist, ob eine Innenfinanzierung oder eine Finanzierung mittels Eigenkapital zu Finanzierungskosten führen beziehungsweise in welcher Höhe diese angesetzt werden sollten.[133]

Dementsprechend müsste eine genauere Beurteilung der Eigenkapitalkosten im traditionellen Ansatz vorgenommen werden. In diesem Zusammenhang muss noch einmal darauf hingewiesen werden, dass es sich jeweils nur um eine unternehmensspezifische Ermittlung der Eigenkapitalkosten handelt.[134]

Nach Tiemann müssen für die Kapitalerhöhung in einer Aktiengesellschaft folgende Bestandteile als Eigenkapitalkosten berücksichtigt werden:

a) „Vorbereitungskosten

- Kosten der Hauptversammlung

- Notarkosten

b) Begebungskosten

---

[133] Tiemann, K. (1997) Investor Relations, S. 84

[134] Tiemann, K. (1997) Investor Relations, S. 84

- Übernahmeprovision
- Gesellschaftssteuer
- Kosten für den Druck der Aktien

c) Kosten der Börseneinführung
- Börseneinführungsprovision
- Druckkosten des Prospektes und Veröffentlichungskosten
- Kotierungsgebühren

d) Laufende Kosten
- Kuponeinlösungsprovisionen
- Bogenerneuerungsdienst
- Kosten der Kurspflege"[135]

In diesem Zusammenhang tritt jedoch die Problematik auf, dass die Kosten nur dann eindeutig zugeordnet werden können, wenn diese im Rahmen einer außerordentlichen Hauptversammlung anfallen. Wird diese Thematik dann besprochen, können die Kosten nicht eindeutig

---

[135] Tiemann, K. (1997) Investor Relations, S. 84ff

bestimmt werden, sondern müssten als Anteil der Gesamtkosten ermittelt werden.[136]

Hingegen ist die Ermittlung der Fremdkapitalkosten im traditionellen Ansatz wesentlich einfacher möglich. Dies ergibt sich insbesondere daraus, dass die Kosten in ihrer Höhe sowie auch der Zeitraum der Kapitalüberlassung bereits im Vorfeld bekannt sind. Insbesondere durch die Kenntnis der Laufzeit können die Methode des internen Zinsfußes, die Annuitäten- oder auch die Kapitalwertmethode im Unternehmen auf eine sinnvolle Art und Weise eingesetzt erden.

Dies bedeutet, dass die Problematiken, die bei der Ermittlung der Kapitalkosten bei einer Eigenkapitalfinanzierung auftreten, bei der Fremdkapitalfinanzierung nicht vorkommen. Das heißt jedoch nicht, dass die Berücksichtigung der Fremdkapitalkosten im traditionellen Ansatz grundsätzlich ohne Probleme abläuft.

---

[136] Tiemann, K. (1997) Investor Relations, S. 85

Auf diese Problematiken wird im Rahmen dieser wissenschaftlichen Arbeit nicht näher eingegangen.[137]

6.2.2 Der neoklassische Ansatz

Im Rahmen des neoklassischen Ansatzes werden insbesondre volkswirtschaftliche beziehungsweise mikroökonomische Grundlagen als Basis genutzt. Dabei werden stets der Faktor der Unsicherheit sowie das Verhalten der jeweiligen Teilnehmer am Markt mit berücksichtigt.[138]

Im Vergleich zum traditionellen Ansatz wird der Fokus auf die geldwirtschaftlichen Bereiche gelegt. Des Weiteren erfolgt eine ganzeigliche Betrachtung des analysierten Unternehmens. Jedoch besteht beim neoklassischen Ansatz

---

[137] Tiemann, K. (1997) Investor Relations, S. 89

[138] Tiemann, K. (1997) Investor Relations, S. 90

die Problematik, dass eine Vielzahl von Annah-
men zu Grunde gelegt werden, die nicht den realen Abläufen entspricht.[139]

Die Kapitalkosten sind im neoklassischen
Ansatz von grundlegender Bedeutung und werden insbesondere auch als Entscheidungsgrundlage herangezogen. Dies bezieht sich dabei sowohl auf die Entscheidungen, die mit der
Beschaffung des Kapitals verbunden sind, als
auch auf die Entscheidungen in Bezug auf die
Kapitalverwendung.[140]

Die Eigenkapitalkosten können im neoklassischen Ansatz auf unterschiedliche Art und
Weise berücksichtigt werden. Zum einen können die Eigenkapitalkosten als Alternativkosten
angesehen werden. Zum anderen besteht auch
die Möglichkeit, die Eigenkapitalkosten durch

---

[139] Tiemann, K. (1997) Investor Relations, S. 91

[140] Burger, A., Buchhart, A. (2002) Risiko-Controlling, S. 2ff

das sogenannte Dividenden- oder Gewinnmodell zu ermitteln. Eine Weitere Möglichkeit zur Ermittlung der Eigenkapitalkosten ist die Nutzung des capital asset pricing Modells.[141]

Dementsprechend ist es möglich, dass je nach Anwendung der Modelle unterschiedliche Eigenkapitalkosten ermittelt werden. Dies bedeutet somit auch, dass in Abhängigkeit des angewandten Berechnungsmodells die Eigenkapitalkosten, die für das jeweilige Unternehmen mit in die Berechnung des Unternehmenswertes einbezogen werden, deutlich voneinander abweichen können.

Bei der Berücksichtigung der Eigenkapitalkosten als Alternativkosten wird davon ausgegangen, dass der Kapitalgeber unterschiedliche Möglichkeiten hat. Dies ist üblicherweise eine Investition in das jeweilige Unternehmen und zum anderen sonstige Anlageformen, wie

---

[141] Tiemann, K. (1997) Investor Relations, S. 94ff

beispielsweise die Anlage des Geldbetrages bei einer Bank.[142]

Dabei wird zunächst eine Mindestverzinsung, die üblicherweise einer risikofreien Alternativverzinsung entspricht, zu Grunde gelegt. Die Investition in das jeweilige Unternehmen ist dementsprechend aufgrund des erhöhten Risikos nur sinnvoll, wenn diese eine höhere Verzinsung bietet.

Eine weitere Möglichkeit zur Bestimmung der Eigenkapitalkosten ist das sogenannte Dividendenmodell. Die Basis dieses Modells bildet die Überlegung, dass der Wert des Unternehmens durch die Kapitalisierung der zukünftigen Dividendenzahlungen durch den jeweiligen Investor ermittelt werden kann. Dabei wird ebenfalls eine Diskontierung mit einem Faktor, der die Rentabilitäts- und Risikoerwartung darstellt,

---

[142] Faust, M. (2002) Bestimmung der Eigenkapitalkosten im Rahmen der wertorientierten Unternehmenssteuerung von Kreditinstituten, S. 117ff

vorgenommen. Daraus ergibt sich die nachfolgende Formel:[143]

$$AK_{t0} = \sum_{t=1}^{\infty} \frac{Div_t}{(1+r)^t}$$

mit $\quad AK_{t0} \quad = \quad$ Aktueller Aktienkurs

$Div_t \quad = \quad$ Dividendenzahlungen der entsprechenden Perioden t

$\quad$ r $\quad = \quad$ Diskontierungsfaktor (Alternativvertragssatz)

Wird unterstellt, dass eine konstante Dividende in einer wachsenden Unternehmung gezahlt wird, ergibt sich die als Gordon-Modell bekannte Bewertungsformel für eine wachsende Unternehmung:[144]

$$AK_{to} = \frac{Div_{t1}}{r - g_{Div}}$$

mit $\quad Div_{t1} \quad = \quad$ Dividendenzahlung zum Zeitpunkt t1

---

[143] Tiemann, K. (1997) Investor Relations, S. 96

[144] Tiemann, K. (1997) Investor Relations, S. 97

Durch den Alternativertragssatz (r) wird dabei nicht nur die Forderung der Anleger nach einer gewissen Rendite wiedergegeben, sondern auch die Eigenkapitalkosten des jeweiligen Unternehmens. Dabei wird wiederrum unterstellt, dass bei den Investoren ein Vergleich der Marktpreise der verschiedenen Aktien zum Preis AK_{t0} durchgeführt wird. Die Eigenkapitalkosten des Unternehmens können demensprechend wie folgt ermittelt werden:[145]

$$K_{EK} = r = \frac{Div_{t1}}{AK_{t0}} + g_{Div}$$

mit $\quad K_{EK} \quad = \quad$ Eigenkapitalkostensatz

Auf die Eigenkapitalkosten kann im Rahmen des Gewinnmodells in einem ähnlichen Verfahren wie im Dividendenmodell eingegangen wer-

---

[145] Tiemann, K. (1997) Investor Relations, S. 97

den. Daher wird dieses Modell im Rahmen dieser wissenschaftlichen Arbeit nicht näher beleuchtet.

Ebenfalls ist die Bestimmung der Eigenkapitalkosten durch das capital asset pricing Modell möglich. Auf dieses Verfahren wurde jedoch bereits zuvor in dieser wissenschaftlichen Arbeit eingegangen, sodass die Ermittlung der Eigenkapitalkosten unter Zuhilfenahme des capital asset pricing Modells ebenfalls nicht näher betrachtet wird.

Grundsätzlich ergibt sich jedoch, unabhängig von der Anwendung des traditionellen oder des neoklassischen Ansatzes, die Schlussfolgerung, dass die Eigenkapitalkosten durch die unterschiedlichen Methoden signifikant beeinflusst werden können. Die veränderten Eigenkapitalkosten wirken sich dementsprechend auch auf den berechneten Unternehmenswert aus, sodass dessen Höhe durch die Anwendung der verschiedenen Methoden ebenfalls gesteuert werden kann.

6.3 GESTALTUNGSMÖGLICHKEITEN BEI DER FESTLEGUNG DES RISIKOLO-SEN ZINSSATZES

Der risikolose Zinssatz hat die Aufgabe, die zum Bewertungszeitpunkt erzielbare Rendite einer sicheren und zum zu bewertenden Unternehmen laufzeitäquivalenten Kapitalmarktanlage abzubilden. Um als geeigneter Vergleichsmaßstab zu fungieren, muss die dem sicheren Basiszinssatz zugrunde liegende Kapitalmarktanlage frei von Ausfall-, Inflations- und Währungsrisiko und zum Bewertungszeitpunkt realisierbar sein. Ferner muss sie dieselbe zeitliche Struktur der Zahlungen wie das Bewertungsobjekt aufweisen und die Zinsstruktur am Kapitalmarkt adäquat berücksichtigen.[146]

Darüber hinaus ist der Zinssatz von Bedeutung, um die Risikoprämie als Differenz aus

---

[146] Ihlau, S., Duscha, H., Gödecke, S. (2013) Besonderheiten bei der Bewertung von KMU, S. 80

Marktrendite und sicherem Zinssatz zu ermitteln. In Literatur, Praxis und Rechtsprechung zur Unternehmensbewertung wird übereinstimmend die Ansicht vertreten, dass sich die Renditen von Staatsanleihen am besten zur Ermittlung des sicheren Zinssatzes eignen, wenn sie frei von Ausfallrisiken sind. Die Anlagealternative Staatsanleihe gilt dann als risikolos, wenn davon ausgegangen werden kann, dass der betreffende Staat seine Zins- und Tilgungsverpflichtungen termingenau und vollständig erfüllt.[147]

Darüber hinaus müssen die Anlagealternative und die zu bewertenden Zahlungen hinsichtlich der inneren Kaufkraft übereinstimmen, um das Inflationsrisiko auszuschalten. Bei den

---

[147] Schmeisser, W. (2010) Corporate Finance und Risk Management, S. 20

zu bewertenden Zahlungen und beim Kalkulationszinssatz ist als Folge entweder von realen oder von nominalen Größen auszugehen.[148]

Schließlich ist darauf zu achten, dass die Zahlungen der Anlagealternative auf die Währung lauten, in der die Bewertung vorgenommen werden soll. Andernfalls bestünde ein Währungsrisiko. Zur Vermeidung eines Zinsänderungsrisikos ist davon auszugehen, dass die Alternativanlage bis zur Endfälligkeit gehalten wird. Das Prinzip der Laufzeitäquivalenz knüpft hier an. Es fordert, dass sich die Zahlungsströme von Bewertungs- und Vergleichsobjekt auf denselben Zeitraum erstrecken.[149]

Ausgehend von einem zu bewertenden Unternehmen, das dem Bewertungssubjekt einen Zahlungsstrom über einen unbegrenzten Zeitraum verspricht, ist für die Vergleichsalternative

[148] Schacht, U., Fackler, M. (Hrsg.) (2009) Praxishandbuch Unternehmensbewertung, 2. Auflage, S. 213ff

[149] Schacht, U., Fackler, M. (Hrsg.) (2009) Praxishandbuch Unternehmensbewertung, 2. Auflage, S. 188ff

zu fordern, dass aus ihr ein ebenfalls zeitlich unbegrenzter Zahlungsstrom erwartet werden kann. Fallen die erwarteten Zahlungen aus dem Unternehmen zeitlich begrenzt an, kann die geforderte Laufzeitäquivalenz durch die Wahl einer Kapitalmarktanlage mit entsprechender Laufzeit gewährleistet werden.[150]

Für die Wahl davon abweichender kürzer (bzw. länger) laufender Anlagen gibt es keine theoretisch fundierten Anhaltspunkte, da die dann einzubeziehenden Reinvestitionsentscheidungen (bzw. Verkaufsentscheidungen vor Fälligkeit) der Vergleichsanlage explizit betrachtet werden müssten. Die Vergleichsalternative wäre in diesem Fall einem Zinsänderungsrisiko ausgesetzt.

---

[150] Breuer, W., Gürtler, M., Schuhmacher, F. (2010) Portfoliomanagement I, 3. Auflage, S. 86

Im Zusammenhang mit dem Stichtagsprinzip wird diskutiert, ob zur Bestimmung des risikolosen Zinssatzes die gegenwärtige Rendite einer sicheren Kapitalmarktanlage oder eine zu prognostizierende, erwartete Rendite zukünftiger Perioden zur Anwendung kommen soll.[151]

Ausschlaggebend für die Verwendung eines Stichtagszinssatzes ist, dass derjenige Betrag gesucht ist, der zum Bewertungsstichtag in eine Alternativanlage investiert werden müsste, um einen dem zu bewertenden Unternehmen vergleichbaren Zahlungsstrom zu erhalten.

Entscheidend ist also, welchen Betrag ein Investor zum Bewertungszeitpunkt jeweils in eine Alternativanlage investieren müsste, um zu bestimmten Entstehungszeitpunkten gleich hohe Beträge wie aus dem Bewertungsobjekt zu er-

---

[151] Matschke, M. J. (1979) Funktionale Unternehmensbewertung, S. 216ff

zielen. Das Prinzip der Laufzeitäquivalenz liefert somit die Begründung dafür, einen Stichtagszinssatz zu verwenden.

Grundsätzlich lässt sich die Laufzeitäquivalenz durch Replikation des zu bewertenden künftigen Zahlungsstromes mit einem Bündel von Nullkuponanleihen entsprechender Fristigkeit herstellen. Diese repräsentieren die Anlage finanzieller Mittel über einen bestimmten Zeitraumohne zwischenzeitliche Zinszahlungen und führen nur am Ende der Laufzeit zu einer entsprechenden (Aus-) Zahlung. Allerdings schafft die Anforderung der Laufzeitäquivalenz dann ein nicht aufzulösendes Prognoseproblem, wenn Zahlungsüberschüsse für einen Zeitraum bewertet werden sollen, der länger ist, als die Restlaufzeit der Alternativanlage.

Dies kann sowohl bei endlichen als auch bei unendlichen Zeiträumen der Fall sein. Im Rahmen der Unternehmensbewertung sind regelmäßig Zahlungsüberschüsse für einen unendlichen Zeitraum zu bewerten (going-concern-Prinzip).[152]

Allerdings sind in der Realität keine Anleihen mit unendlicher Laufzeit als Vergleichsobjekt verfügbar. Folglich kann Laufzeitäquivalenz für eine Vielzahl von Zahlungsströmen nicht gewährleistet werden. Damit stellt sich das Problem einer Anschlussverzinsung: Nach Fristablauf der am längsten laufenden Kapitalmarktanlage wäre eine Wiederanlage der frei werdenden Mittel zu den dann geltenden Zinssätzen anzunehmen (revolvierende Anlagestrategie). Hierfür ist eine Zinsprognose unerlässlich.[153]

Anderer Ansicht sind Jonas, Wieland-Blöse und Schiffarth, die unter Rückgriff auf die Duration von Zahlungsströmen von einem „Missverständnis" sprechen.

---

[152] Hassler, P. T. (2011) Aktien richtig bewerten, S. 114ff

[153] Widmann, B., Schieszl, S., Jeromin, A. (2003) Der Kapitalisierungszinssatz in der praktischen Unternehmensbewertung, S. 801

Ihrer Ansicht nach ist eine eigenständige Prognose einer Anschluss Verzinsung nicht erforderlich. Zur Begründung greifen sie auf das Konzept der Duration zurück. Unter bestimmten Bedingungen weisen endliche, aber trotzdem sehr lange laufende Zahlungsströme eine Duration auf, die noch im Laufzeitbereich des durch gehandelte Anleihen abgedeckten Spektrums liegt. Abgesehen davon, dass die aufgestellten Bedingungen, unter denen die Duration tatsächlich diese Bedingung erfüllt, sehr restriktiv sind, vermag schon der Rückgriff auf die Duration nicht zu überzeugen, geht es bei der geforderten Herstellung der Laufzeitäquivalenz doch um die tatsächliche und nicht um die gewichtete durchschnittliche Laufzeit eines Zahlungsstromes.[154]

---

[154] Jonas, M., Wieland-Blöse, H., Schiffarth, S. (2005) Basiszinssatz in der Unternehmensbewertung,   S. 650

Zu beachten ist, dass dieser Verstoß gegen den Stichtagszinssatz ausschließlich aus der Notwendigkeit zu einer pragmatischen Vorgehensweise herrührt, weil keine Anleihen mit unendlicher Laufzeit gehandelt werden. Dies bedeutet, dass die Kapitalmärkte diesbezüglich unvollständig sind.

Um mit dieser Kapitalmarktunvollkommenheit umgehen zu können, kann die Bestimmung des Zinssatzes in zwei Phasen unterteilt werden. Die erste Phase repräsentiert den begrenzten Zeitraum, der noch durch die verbleibenden Laufzeiten der am längsten laufenden Anleihen überspannt wird. Daran schließt sich eine unendliche zweite Phase an, die die Prognose einer Anschlussverzinsung nach Ablauf der ersten Phase erfordert. Während zur Bestimmung des Zinssatzes für die erste Phase festzulegen ist, in welcher Form die am Markt zum Bewertungsstichtag zu beobachtenden Zinskonditionen abgebildet werden sollen, ist für die zweite Phase zum einen zu bestimmen, zu welchem Zeitpunkt sie beginnen soll (Phasenabgrenzung). Zum anderen muss festgestellt werden, ob die Stichtagsverzinsung der Anleihe mit der längsten Laufzeit lediglich fortgeschrieben werden soll (implizite Prognose) oder ob stattdessen die Anschlussverzinsung explizit prognostiziert werden soll.[155]

Indirekte Methode

Für praktische Zwecke der Unternehmensbewertung ist es erforderlich, eine Zinsstruktur vorzufinden, die für jede Laufzeit eine entsprechende Zerobondrate anzugeben in der Lage ist. Voraussetzung hierfür wäre, dass für jede Fristigkeit die Notierung einer ausfallrisikofreien Nullkuponanleihe vorliegt. Tatsächlich gibt es aber z. B. für den deutschen Kapitalmarkt nur eine beschränkte Anzahl solcher Anleihen und damit auch von entsprechenden Datenpunkten

---

[155] Ballwieser, W. (2002) Der Kalkulationszinsfuß in der Unternehmensbewertung: Komponenten und Ermittlungsprobleme, S. 737

einer zu bestimmenden Zinsstrukturkurve. Das erschwert ihre Anwendung für Zwecke der Unternehmensbewertung.[156]

Statt Nullkuponanleihen dominieren in Deutschland Kuponanleihen. Diese erlauben auf direktem Weg lediglich die Ermittlung einer Renditestrukturkurve. Um daraus eine Zinsstrukturkurve ableiten zu können, ist auf gestrippte Bundesanleihen (stripped bonds) zurückzugreifen oder ein rekursives formales Verfahren anzuwenden.[157]

Das Stripping von bestimmten 10- und 30-jährigen Bundesanleihen, d. h. die Trennung von Kapital- und Zinsansprüchen sowie deren separater Handel, sind seit Mitte 1997 möglich. Hierbei wird eine Kuponanleihe in den Kapital- und einzelne Zinsstrips zerlegt, so dass die einzelnen Strips wirtschaftliche Nullkuponanleihen

---

[156] Richter, F., Schüler, A., Schwetzler, B. (Hrsg.) (2003) Kapitalgeberansprüche, Marktwertorientierung und Unternehmenswert, S. 24

[157] Hagele, J. (2003) Mit Sicherheit mehr Zinsen, S. 211

mit unterschiedlichen Laufzeiten repräsentieren. Grundsätzlich besteht dadurch die Möglichkeit, auf der Basis des getrennten Handels von Kapital- und Zinsansprüchen von Bundesanleihen Zerobondraten und damit unmittelbar eine tatsächliche Nullkupon-Zinsstruktur zu ermitteln.[158]

Deren Aussagekraft wird allerdings eher als gering eingeschätzt. Dies hängt zum einen mit der im Vergleich zu den originären Kuponanleihen verhältnismäßig geringen Liquidität zusammen, was zu Risikoaufschlägen führen kann. Zudem verteilt sich die Nachfrage nach Strips nicht gleichmäßig auf alle Laufzeiten.

Unabhängig vom Bond-Stripping besteht beim rekursiven Verfahren die Möglichkeit, aus der empirisch beobachtbaren Renditestruktur Zerobondraten abzuleiten. Voraussetzung für

---

[158] Lindmayer, K. H. (2012) Geldanlage und Steuer 2012, S. 119

das rekursive Verfahren ist ein vollständiger Kapitalmarkt, bei dem es mindestens so viele Kuponanleihen wie erforderliche Laufzeiten gibt.[159]

Überträgt man die Zins- und Tilgungszahlungen sowie die entsprechenden Preise der einzelnen Anleihen in ein lineares Gleichungssystem in Matrixschreibweise, lassen sich Zerobondabzinsungsfaktoren entweder durch sukzessives Einsetzen (Rekursion) oder durch Inversion der Matrix und Multiplikation mit dem Preisvektor ermitteln.

Da die Abzinsungsfaktoren im Rahmen dieses Vorgehens nicht direkt aus Nullkupon-, sondern indirekt aus Kuponanleihen abgeleitet werden, werden sie auch derivative (synthetische) Zerobondraten genannt.[160]

---

[159] Rudolf, M. (2000) Zinsstrukturmodelle, S. 180ff

[160] Heese, V. (2011) Aktienbewertung mit Kennzahlen, S. 122

6.4 GESTALTUNGSMÖGLICHKEITEN DER MARKTRISIKOPRÄMIE

Insbesondere in Anbetracht der aktuell sehr niedrigen Zinsen auf den Kapitalmärkten, die sich an den aktuell niedrigen Leitzinsen orientieren, ist die Berechnung der Marktrisikoprämie als problematisch anzusehen.

Die Marktrisikoprämie basiert dabei auf langfristigen empirischen Studien und somit auf Daten aus der Vergangenheit. Dabei erfolgt ein Vergleich zwischen der risikolosen Anlageform und langfristigen Wertpapieren. Aus der jeweiligen Differenz wird die Marktrisikoprämie abgeleitet.[161]

Jedoch **existiert** insbesondere seit der vergangenen Finanzmarktkrise eine besondere Situation. Dementsprechend werden risikolose Geldanlagen an den Märkten bevorzugt. Dies

---

[161] Metz, V. (2007) Der Kapitalisierungszinssatz bei der Unternehmensbewertung, S. 203ff

führt wiederrum dazu, dass die Marktrisikoprämie ansteigt. Somit müsste bei der Bewertung eines Unternehmens eine Marktrisikoprämie ausgewählt werden, die sich an den oberen Werten der vergangenen Marktrisikoprämien orientiert.[162]

Die Bestimmung des Kapitalisierungszinssatzes aus einer zukünftig erwarteten risikofreien Rendite und einer vergangenheitsbasiert gemessenen Marktrisikoprämie ist bei einer stabilen gesamtwirtschaftlichen Lage regelmäßig die bestmögliche Schätzung eines risikoäquivalenten, zukunftsorientierten Diskontierungszinssatzes. Indikatoren wie negative Renditen inflationsgestützter indexierter deutscher Staatsanleihen oder eine Rendite deutscher Staatsanleihen unterhalb laufzeitkongruenter EURIBOR-Zinsen weisen darauf hin, dass diese Stabilität (temporär) nicht vorherrscht. Die

---

[162] KPMG (2012) Kapitalkostenstudie 2012/2013, S. 30

131

gewohnte Praxis der Bemessung des Kapitalisierungszinssatzes ist vor dem Hintergrund der neuartigen Kapitalmarktkonstellation zu hinterfragen.[163]

Der bestmögliche Schätzer für risikofreie Renditen bleibt unverändert die beobachtbare Rendite deutscher Staatsanleihen, da weder eine risikoärmere Anlageform identifiziert, noch ein Marktversagen im Handel der deutschen Staatsanleihen konstatiert werden kann. Die gestiegene Nachfrage nach relativ gesehen risikoärmeren deutschen Staatsanleihen führt zu den derzeit niedrigen Renditen und ist Ausdruck erhöhter Unsicherheit. Folglich kann davon ausgegangen werden, dass (c. p.) die Risikoübernahme am Kapitalmarkt mit einem höheren Preis entgolten wird.

---

[163] Metz, V. (2007) Der Kapitalisierungszinssatz bei der Unternehmensbewertung, S. 203ff

Bei der Bestimmung einer nachvollziehba-
ren, objektivierten Risikoprämie wird daher vo-
rübergehend empfohlen, bei der Unternehmensbewertung zu prüfen, ob der aktuellen Situation mit einem Ansatz der Marktrisikoprämie
am oberen Rand der empfohlenen Bandbreite
von historisch gemessenen Risikoprämien
Rechnung zu tragen ist.

Bei der Berücksichtigung von historischen
Marktrisikoprämien von 5% können daraus
auch Marktrisikoprämien von bis zu 9% abgeleitet werden. Diese Marktrisikoprämie wird in
einer kurzfristigen Sichtweise hauptsächlich nur
durch eine veränderte Inflationsrate beeinflusst.[164]

Bei der Berücksichtigung des aktuellen risikolosen Zinssatzes einer 30-jährigen Bundesanleihe in Höhe von 2,5920%[165] ergibt sich somit eine Marktrisikoprämie von 6,4080%. Diese

---

[164] KPMG (2012) Kapitalkostenstudie 2012/2013, S. 30

[165] Kursdatum: 30.01.2014

weicht bei einer längerfristigen Betrachtung der historischen Werte um rund 1,4% nach oben ab.

Diesbezüglich empfahl das Institut der Wirtschaftsprüfer (IDW) Bandbreiten von 4,5% bis 5,5% vor und 4% bis 5% nach persönlicher Ertragsteuer.[166]

Somit liegt es unter anderem auch im Ermessen des jeweiligen Bewerters die Marktrisikoprämie bei der Berechnung des jeweiligen Unternehmenswertes zu ermitteln. Unter der Berücksichtigung der zuvor aufgeführten vom IDW empfohlenen Bandbreite zwischen 4,5% und 5,5% und der Berücksichtigung der selbst ermittelten Marktrisikoprämie von 6,4080%, können somit signifikante Abweichungen entstehen. Wird beispielsweise ein Unternehmenswert von 500.000 € angenommen würden

---

[166] IDW (2009) IDW-Fachnachrichten, S. 696ff

die Marktrisikoprämien die folgenden Beträge annehmen:

500.000 € * 4,5% = 22.500 €

500.000 € * 5,5% = 27.500 €

500.000 € * 6,4080% = 32.040 €

Selbst bei diesem vermeintlich geringen Unternehmenswert ist ein Unterschied zwischen der Verzinsung mit 4,5% und der Verzinsung mit 6,4080% in Höhe von 9.540 Euro zu erkennen. Bei größeren Unternehmen erhöht sich dieser Unterschiedsbetrag dementsprechend.

6.5 GESTALTUNGSMÖGLICHKEITEN DES GOODWILL

Der Goodwill beziehungsweise der derivative Geschäfts- oder Firmenwert stellt die Differenz zwischen dem berechneten Ertrags- und dem Substanzwert des Unternehmens dar. Dementsprechend wird im Rahmen des Goodwills der Anteil des Kaufpreises verstanden, der zusätz-

lich zu den materiell vorhandenen Vermögensgegenständen für Bestandteile wie Kundenstamm, Mitarbeiter, Reputation, Marke oder
auch die Marktleistung bezahlt wird.[167]

Die Höhe des jeweiligen Goodwill hängt dabei grundsätzlich von der Branche, in dem sich
das Unternehmen befindet, ab. Beispielsweise
wird der Goodwill bei Dienstleistungsunterneh-
men vergleichsweise höher als bei Unternehmen, des produzierenden Gewerbes ausfal-
len.[168]

Der Goodwill kann wiederrum in den sachbezogenen und den personenbezogenen Goodwill unterteilt werden. Der sachbezogene Goodwill ist mit einem Sachobjekt verbunden. Dementsprechend zählen zu dem sachbezogenen

---

[167] Velte, P. (2008) Intangible Assets und Goodwill im Spannungsfeld
zwischen Entscheidungsrelevanz und Verlässlichkeit, S. 403

[168] Schmidt, I. M. (2007) Ansätze für eine umfassende Rechnungslegung zur Zahlungsbemessung und Informationsvermittlung, S. 270

Goodwill auch Faktoren wie Standortvorteile.[169]
Der personenbezogene Goodwill wird hingegen
für personenbezogene Faktoren, wie beispielsweise die hohe Qualität des Top-Manage-
ments, dessen Image oder deren Kontakte gezählt.[170]

Des Weiteren kann der Goodwill in den deri-
vativen und den originären Goodwill unterteilt
werden. Der originäre Goodwill ist ein selbstge-
schaffener Goodwill und darf dementsprechend
nicht bilanziell erfasst werden. Der derivative
Goodwill darf hingegen bilanziell erfasst werden, da dieser beispielsweise im Rahmen einer
Unternehmensübernahme käuflich erworben
wurde.[171]

---

[169] Heintzenberg, Dr. R. (1957) Die Einzelunternehmung im Erbgang,
S. 123

[170] Knobbe-Keuk, B. (1993) Bilanz- und Unternehmenssteuerrecht, 9.
Auflage, S. 243

[171] Schmidt, I. M. (2002) Bilanzierung des Goodwills im internationalen Vergleich, S. 27

Der derivative Goodwill darf unter Berücksichtigung der IFRS Standards nur dann abgeschrieben werden, wenn dieser für den Käufer in der Zukunft keinen Mehrwert mehr darstellt.

Somit ist im Rahmen der Unternehmensbewertung insbesondere der derivative Goodwill, der sich sowohl aus personenbezogenen Faktoren als auch auf sachbezogenen Faktoren ergeben kann, von grundlegender Bedeutung. Zur Bewertung des Goodwills werden die zukünftigen Gewinne des Unternehmens berücksichtigt. Dementsprechend bedeutet dies ein hoher Aufwand und kann für den jeweiligen Bewerter als sehr problematisch angesehen werden.

Somit sind Faktoren wie der Kundenstamm durch den jeweiligen Bewerter zu berücksichtigen.[172] Insbesondere bei der Berücksichtigung

---

[172] Tanski, J. S. (2006) Bilanzpolitik und Bilanzanalyse nach IFRS, S. 97ff

des Kundenstammes muss der jeweilige Bewerter anrechnen, ob diese aktive Kunden darstellen oder lediglich in der Kundenkartei vorhanden sind, jedoch seit längerer Zeit keine Produkte oder Dienstleistungen des Unternehmens erworben haben.[173]

Auch ist es notwendig, dass der Bewerter insbesondere bei der Bewertung des Kundenstammes das durchschnittliche Umsatzpotenzial des Kundenstammes berücksichtigt. Daraus können wiederrum Prognosen für die Zukunft und somit auch für die Ermittlung des Goodwills abgeleitet werden.[174]

Dies bedeutet auch, dass die Höhe des Goodwills insbesondere auch bei Unternehmen mit einem geringen Anteil von Sachanlagen durch den jeweiligen Bewerter mit gestaltet

---

[173] Ihlau, S., Duscha, H., Gödecke, S. (2013) Besonderheiten bei der Bewertung von KMU, S. 71ff

[174] Velte, P. (2008) Intangible Assets und Goodwill im Spannungsfeld zwischen Entscheidungsrelevanz und Verlässlichkeit, S. 191

werden kann. Dies ergibt sich insbesondere daraus, dass für Faktoren wie Kundenstamm oder Reputation keine einheitlichen Wertansätze existieren.

Jedoch wird der Goodwill, der letztendlich vom Käufer gezahlt wird, nicht alleine durch die Berechnungen des Bewerters beeinflusst. Stattdessen ergibt sich dieser vielmehr aus den Verhandlungen zwischen Käufer und Verkäufer.[175]

---

[175] Haaker, A. (2008) Potential der Goodwill-Bilanzierung nach IFRS für eine Konvergenz im wertorientierten Rechnungswesen, S. 123

7 FAZIT UND AUSBLICK

Die Bewertung von Unternehmen kann in unterschiedlichen Sachverhalten von einer hohen Bedeutung für das jeweilige Unternehmen selbst beziehungsweise für das Management oder auch für die Inhaber des Unternehmens sein. Hierzu zählt sowohl die Unternehmensübernahme beziehungsweise ein Verkauf des Unternehmens. Zum anderen können auch andere Gründe, wie beispielsweise eine Kreditaufnahme oder die Kapitalerhöhung dazu führen, dass eine Bewertung eines Unternehmens durchgeführt werden muss.

Die gesammelten Informationen deuten im Zusammenhang mit der Bewertung von Unternehmen auf eine grundlegende Problematik hin. Diese besteht insbesondere darin, dass kein einheitlicher Standard für die Bewertung von Unternehmen existiert. Dies bezieht sich dabei jedoch nicht nur auf die Bundesrepublik

Deutschland, sondern kann als globales Problem gesehen werden.

Auch wenn die Methoden, die zur Unternehmensbewertung genutzt werden, weitestgehend standardisiert wurden, bedeutet dies nicht, dass mehrere Bewerter den gleichen Unternehmenswert ermitteln würden. Stattdessen würden mehrere Bewerter für ein und dasselbe Unternehmen einen unterschiedlichen Wert ermitteln.

Eine Differenz in den Firmenwerten ist insbesondere dann für die Eigentümer von großem Nachteil, wenn dieser zu sehr nach unten abweicht. Dies ergibt sich insbesondere auch daraus, dass der Wert, der durch den aus der Sichtweise von Käufer und Verkäufer professionelle Bewerter ermittelt wurde, bei einem Unternehmensverkauf als Verhandlungsgrundlage angesehen wird.

Jedoch, auch wenn das Unternehmen nicht verkauft werden soll, kann sich aus einem zu geringen Firmenwert ein deutlicher Nachteil für den Eigentümer ergeben. Dieser Nachteil ist insbesondere dann gegeben, wenn der errechnete Firmenwert als Grundlage für eine Bonitätseinstufung beziehungsweise eine Kreditvergabe genutzt wird. Dadurch kann der Inhaber entweder keinen Kredit, eine geringere Kreditsumme oder einen höheren Zinssatz angeboten bekommen.

Auch bei Fragen, die das Steuerrecht betreffen, insbesondere bei einer Erbschaft oder Schenkung ist die Höhe des Firmenwertes ebenfalls von einer hohen Bedeutung. Somit kann ein abweichender Firmenwert zu einer deutlich höheren Steuerbelastung führen.

Nicht nur für den jeweiligen Käufer kann die Höhe des Firmenwertes mitunter deutliche Auswirkungen haben. Insbesondere ein zu hoher Firmenwert würde für den Käufer bedeuten, dass dieser für das Unternehmen einen zu hohen Kaufpreis bezahlt hätte. Dementsprechend benötigt dieser einen längeren Zeitraum, bis seine Investition durch die Einnahmen gedeckt sind.

Auch wenn eine einheitliche Anwendung einer der zuvor vorgestellten Methoden der Unternehmensbewertung angewandt werden würde, könnten sich daraus weiterhin Abweichungen bei dem errechneten Unternehmenswert ergeben. Diese Abweichungen könnten beispielsweise aus der Verzinsung des Eigenkapitals entstehen, da selbst eine Bandbreite von einem Prozent bei hohen Unternehmenswerten zu Abweichungen von mehreren Tausend, unter Umständen auch zu mehreren zehntausend Euro führen würde.

Um der grundlegenden Problematik der Unternehmensbewertung zu entgegnen, müssen dementsprechend einheitliche Standards geschaffen werden. Dies bedeutet letztendlich auch, dass vorgeschrieben werden müsste, dass nur noch eine der Methoden zur Bewertung eines Unternehmens angewandt werden darf. Ebenfalls müssten feste Sätze für die Verzinsung des Eigenkapitals, ohne eine Bandbreite festgelegt werden.

Jedoch ist fraglich, ob diese Vorschriften die Problematik vollständig beseitigen würden. Insbesondere kleine und mittelständische Unternehmen, die zu einem sehr hohen Anteil vom Geschäftsführer, der oftmals gleichzeitig Inhaber ist, abhängig sind, kann eine Problematik durch die zentrale Bündelung von Informationen und Knowhow entstehen. Dies bedeutet, dass bei einem Unternehmensverkauf und gleichzeitigem Ausscheiden des Geschäftsführers der Unternehmenswert deutlich beeinflusst werden würde.

Diese Faktoren können jedoch nicht durch standardisierte Modelle berücksichtigt werden. Stattdessen sind diese Einflüsse von Unternehmen zu Unternehmen unterschiedlich und müssen durch den jeweiligen Bewerter auf eine unterschiedliche Art und Weise berücksichtigt werden.

Somit kann zunächst keine Empfehlung für eines der zuvor vorgestellten Methoden zur Bewertung von Unternehmen abgegeben werden. Stattdessen hängt die Auswahl immer von den Gegebenheiten des zu bewertenden Unternehmens ab. Dies bedeutet insbesondere, dass auch der Stand der zur Verfügung stehenden Informationen im jeweiligen Unternehmen berücksichtigt werden muss.

Auch hängen die Empfehlungen zur Auslegung der jeweiligen Methoden und der damit verbundenen Faktoren vom jeweiligen Unternehmen beziehungsweise auch vom jeweiligen Bewerter ab. Somit können hierzu auch keine allgemein gültigen Empfehlungen abgeleitet werden. Dementsprechend muss der jeweilige Bewerter die örtlichen Faktoren berücksichtigen.

Daraus könnte sich ein Ansatzpunkt für spätere Forschungsvorhaben ergeben. In diesen müssten mehrere Unternehmen durch die Anwendung der unterschiedlichen Methoden bewertet werden. Dabei müssten die Auswirkungen der Veränderungen von unterschiedlichen Parametern, wie eine Veränderung der Marktrisikoprämie oder einem veränderten Betafaktor ermittelt werden.

Daraus könnte eine Schlussfolgerung abgeleitet werden, inwieweit die ermittelten Unternehmenswerte voneinander abweichen. Des Weiteren könnte daraus abgeleitet werden, welche dieser Methoden sich am meisten und welche am geringsten durch die Veränderten Parameter beeinflussen lässt. Eine geringe Bandbreite trotz unterschiedlicher Parameter könnte darauf hinweisen, dass diese Methode bei der Unternehmensbewertung zu bevorzugen ist. Somit könnte entweder empfohlen werden, dass diese Methode den anderen Methoden vorzuziehen ist oder eine Empfehlung für die Einführung eines verbindlichen Standards für die Unternehmensbewertung abgeleitet wird.

LITERATURVERZEICHNIS

Akademie des Handwerks an der Unterweser (not stated) Schnittstelle zwischen Büro und Werkstatt (http://www.akademie-bremerhaven.de/index.php?id=382) Access on 15.01.2014

Allgeier, H. (2002) Realoptionen: Das Handbuch für Finanz-Praktiver, Wiley

Andreae, C. von (2007) Familienunternehmen und Publikumsgesellschaft: Führungsstrukturen, Strategien und betriebliche Funktionen im Vergleich, Deutscher Universitäts-Verlag, Wiesbaden

Appelhoff, Dr. H.-W. (2010) Planung und Umsetzung der Unternehmensnachfolge (http://www.ihk-oldenburg.de/download/vortrag_dr_appelhoff_unternehmernachfolge_2010.pdf) Access on 05.12.2013

Baden-Württemberg / service-bw (not stated) Wertermittlung (https://www.service-

bw.de/zfinder-bw-web/lifesitua-
tions.do?llid=1083932&llmid=0&language=eng)
Access on 04.12.2013

Ballwieser, W. (1993) Unternehmensbewertung,
Schäffer-Poeschel, Stuttgart

Ballwieser, W. (2002) Der Kalkulationszinsfuß in
der Unternehmensbewertung: Komponenten und Ermittlungsprobleme, veröffentlicht in: Die Wirtschaftsprüfung, p. 736 - 743

Bartscherer, M. (2004) Investor Relations in Versi-
cherungsunternehmen (-konzernen), Verlag Versicherungswirtschaft, Karlsruhe

Behringer, p. (1999) Unternehmensbewertung der
Mittel- und Kleinbetriebe, Erich Schmidt Verlag,
Berlin

Behringer, p. (2001) Das Ertragswertverfahren zur
Bewertung von kleinen Unternehmen, Veröffentlicht in DStR, p. 719- 724

Bleymüller, J. (1966) Theorie und Technik der Aktienkursindizes, Gabler Verlag, Wiesbaden

Breuer, W., Gürtler, M., Schuhmacher, F. (2010) Portfoliomanagement I, 3. Auflage, Gabler Verlag, Wiesbaden

Burger, A., Buchhart, A. (2002) Risiko-Controlling, Oldenbourg Wissenschaftsverlag, München

Burkhardt, C. (2008) Private Equity als Nachfolgeinstrument für Schweizer KMU, Haupt Verlag, Bern

Copeland, T., Antikarov, V. (2001) Real Options: A Practitioner's Guide, New York

Copeland, T., Koller, T., Murrin, J. (2000) Valuation-Measuring and Managing, the Value of Companies, 3.Auflage, New York

Damhmen, A. (2012) Investition, Franz Vahlen, München

Deimel, K., Heupel, T., Wiltinger, K. (2013) Controlling, Verlag Franz Vahlen, München

Dörschell, A., Franken, L., Schulte, J. (2010) Kapitalkosten für die Unternehmensbewertung – Branchenanalysen für Betafaktoren, Fremdkapitalkosten und Verschuldungsgrade, IDW-Verlag, Düsseldorf

Dück-Rath, M. (2005) Unternehmensbewertung mit Hilfe von DCF-Methoden und ausgewählten Realoptionsansätzen, europäische Hochschulschriften, Frankfurt am Main

Eidel, U. (1999) Moderne Verfahren der Unternehmensbewertung und Performance-Messung, NWB Verlag,

Ermschel, U., Möbius, C., Wengert, H. (2011) Investition und Finanzierung, 2. Auflage, Springer, Heidelberg

Ernst, D., Schneider, p., Thielen, B. (2011) Unternehmensbewertungen erstellen und verstehen, 4. Auflage, Verlag Franz Vahlen, München

Europäische Kommission (2006) Die neue KMU-Definition (http://ec.europa.eu/enterprise/policies/sme/files/sme_definition/sme_user_guide_de.pdf) Access on: 05.01.2014

Faust, M. (2002) Bestimmung der Eigenkapitalkosten im Rahmen der wertorientierten Unternehmenssteuerung von Kreditinstituten, Tectum Verlag, Marburg

Frotscher, Dr. G. (2010) Kommentar zum Einkommenssteuergesetz, Haufe-Lexware Verlag, Freiburg

Grohmann, O. (2007) Integration der Informationstechnologie im Rahmen des Post-Merger Managements mittelständischer Industrieunternehmen, kassel university press, Kassel

Günther, R. (1998) Unternehmensbewertung: Ermittlung des Ertragswerts nach Einkommensteuer bei Risiko und Wachstum, Veröffentlicht in Der Betrieb, p. 382- 387

Haaker, A. (2008) Potential der Goodwill-Bilanzierung nach IFRS für eine Konvergenz im wertorientierten Rechnungswesen, Deutscher Universitäts-Verlag, Wiesbaden

Hagele, J. (2003) Mit Sicherheit mehr Zinsen, Finanzbuch Verlag, München

Handelsblatt (2013) Deutschland zahlt höhere Zinsen (http://www.handelsblatt.com/finanzen/boerse-maerkte/anleihen/bundesanleihen-deutschland-zahlt-hoehere-zinsen/8772612.html) Access on: 04.12.2013

Handke, M. (2011) Die Hausbankbeziehung: Institutionalisierte Finanzierungslösungen für kleine und mittlere Unternehmen in räumlicher Perspektive, Lit Verlag, Berlin

Hassler, p. T. (2011) Aktien richtig bewerten, Springer, Berlin

Heese, V. (2011) Aktienbewertung mit Kennzahlen, Gabler Verlag, Wiesbaden

Heintzenberg, Dr. R. (1957) Die Einzelunternehmung im Erbgang, Duncker & Humblot, Berlin

Hölscher, R. (2010) Investition, Finanzierung und Steuern, Oldenbourg Wissenschaftsverlag, München

Hundrieser, M., Mammen, Dr. A., Sassen, Dr. R. (2012) Übertragung von Betriebsvermögen: Erbschaft- und schenkungssteuerrechtliche Auswirkungen, veröffentlicht in Steuer und Studium, p. 148-153

IDW (2009) IDW-Fachnachrichten

IHK Berlin (not stated) Mittelstand in Berlin – Definition Mittelstand (http://www.ihk-berlin.de/standortpolitik/mittelstand/818844/Mittelstand_Definitionen.html;jsessionid=06DC52567CC9E6548B80C1FC03070D2F.re pl1) Access on: 05.01.2014

IHK Lüneburg-Wolfsburg (not stated) Vereinfachtes Ertragswertverfahren (http://www.ihk-lueneburg.de/unternehmensfoerderung_und_start/unternehmensnachfolge/Unternehmenswert_-_ein_schwieriges_Thema/1200644/Das_vereinfachte_Ertragswertverfahren_nach_199_ff_BewG.html) Access on 04.12.2013

Ihlau, p., Duscha, H., Gödecke, p. (2013) Besonderheiten bei der Bewertung von KMU, Springer Gabler, Wiesbaden

Institut der Wirtschaftsprüfer (2008) IDW Standard: Grundsätze zur Durchführung von Unternehmensbewertungen (http://www.uni-hamburg.de/fachbereiche-einrichtungen/fb03/iwp/rut/BRC_IDW_Standards_SS11.pdf) Access on: 10.01.2014

Institut für Mittelstandsforschung (not stated) KMU-Definition des IfM Bonn (http://www.ifm-bonn.org/mittelstandsdefinition/definition-kmu-des-ifm-bonn/) Access on: 05.01.2014

Jonas, M., Wieland-Blöse, H., Schiffarth, p. (2005) Basiszinssatz in der Unternehmensbewertung, veröffentlicht in: Finanz Betrieb, p. 647 - 653

Kalmar, N., Sommer, U., Weber, I. (Hrsg.) (2013) Der effiziente M&A Prozess: Die Acquisition Value Chain, Haufe-Lexware, Freiburg

Knobbe-Keuk, B. (1993) Bilanz- und Unternehmenssteuerrecht, 9. Auflage, Verlag Dr. Otto Schmidt, Köln

Koller, T., Goedhart, M., Wessels, D. (2010) Valuaation – Measuring and managing the value of companies, 5. Auflage, Wiley, Hoboken

KPMG (2012) Kapitalkostenstudie 2012/2013 (http://www.kpmg.com/DE/de/Documents/kapitalkostenstudie-2012-2013-KPMG.pdf) Access on: 02.02.2014

Krag, J., Kasperzak, R. (2000) Grundzüge der Unternehmensbewertung, Verlag Franz Vahlen, München

Kreyer, F. (2009) Strategieorientierte Restwertbestimmung in der Unternehmensbewertung, Gabler Verlag, Wiesbaden

Kruschwitz, L., Husmann, p. (2012) Finanzierung und Investition, 7. Auflage, Oldenbourg Wissenschaftsverlag, München

Kuhner, C., Maltry, H. (2006) Unternehmensbewertung, Springer Verlag, Berlin

Küster Simic, Dr. A. (2003) Theorien und Praxis der Unternehmensbewertung: Teil G – Multiplikatorenverfahren (http://www1.uni-hamburg.de/Kapitalmaerkte/download/UnternehmensbewertungSoSe2003FolieG.pdf) Access on: 05.12.2013

Lindmayer, K. H. (2012) Geldanlage und Steuer 2012, Gabler Verlag, Wiesbaden

Lüdenbach, N. (2001) Unternehmensbewertung nach IDW S 1, veröffentlicht in INF, p. 596- 633

Lüdenbach, N., Hoffmann, W.-D. (2010) IFRS Kommentar: Das Standardwerk, 8. Auflage, Haufe-Lexware, Freiburg

Mandl, G., Rabel, K. (1997) Unternehmensbewertung - Eine praxisorientierte Einführung, Wirtschaftsverlag Carl Ueberreuter, Wien

Mannek, W. (2012) Handbuch Steuerliche Unternehmensbewertung: Vereinfachtes Ertragswertverfahren Aktuelle Erbschaftssteuer-Richtlinien, Walhalla und Praetoria, Regensburg

Matschke, M. J. (1979) Funktionale Unternehmensbewertung, Band II: Der Arbitriumwert der Unternehmung, Wiesbaden

Matschke, M. J., Brösel, G. (2005) Unternehmensbewertung: Funktionen – Methoden – Grundsätze, Wiesbaden

Metz, V. (2007) Der Kapitalisierungszinssatz bei der Unternehmensbewertung, Deutscher Universitäts-Verlag, Wiesbaden

Meyer, B.-H. (2006) Stochastische Unternehmensbewertung, der Wertbeitrag von Realoptionen, Wiesbaden

Meyer, J.-A. (Hrsg.) (2010) Strategien von kleinen und mittleren Unternehmen, Josef Eul Verlag, Lohmar

Möller, H.-P. (1986) Bilanzkennzahlen und Ertragsrisiken des Kapitalmarktes – Eine empirische Untersuchung des Ertragsrisiko-Informationsgehaltes von Bilanzkennzahlen deutscher Aktiengesellschaften, Poeschel Verlag, Stuttgart

Moxter, A. (1983) Grundzüge ordnungsgemäßer Unternehmensbewertung, Gabler Verlag, Wiesbaden

Müller, A. (2008) Anlageberatung bei Retailbanken, Gabler Verlag, Wiesbaden

Myers, p. C. (1977) Determinants of Corporate Borrowing, veröffentlicht in: Journal of Financial Economics, p. 147-175

Myers, p. C., Brealey, R. A. (2000) Principles of corporate finance, 6. Auflage, Boston

Myers, p. C., Brealey, R. A. (2000) Principles of corporate finance, 7. Auflage, Boston

Nestler, Dr. A., Kraus, p. (2003) Die Bewertung von Unternehmen anhand der Multiplikatoren Methode, Veröffentlicht in Betriebswirtschaft im Blickpunkt, Ausgabe 9, Seite 248

Peemöller, V. H. et Al (2004) Praxishandbuch Unternehmensbewertung, 3. Auflage, NWB Verlag, Herne

Prätsch, U., Ludwig, E., Schikorra, U. (2012) Lehr- und Praxisbuch für Investition, Finanzierung und Finanzcontrolling, Springer, Berlin

Rams, H. (2001) Die Bewertung von Kraftwerksinvestitionen als Realoption, veröffentlicht in: Hommel, v. U., Scholich, M., Vollrath R. (Hrsg.) (2001) Realoptionen in der Unternehmenspraxis, p. 155-175, Berlin

Raupach, A. (Hrsg.) (1984) Werte und Wertermittlung im Steuerrecht, Otto Schmidt Verlag, Köln

Rauter, R. (2013) Interorganisationaler Wissenstransfer: Zusammenarbeit zwischen Forschungseinrichtungen und KMU, Springer Gabler, Wiesbaden

Richter, F., Schüler, A., Schwetzler, B. (Hrsg.) (2003) Kapitalgeberansprüche, Marktwertorientierung und Unternehmenswert, Festschrift für Prof. Dr. Dr. h. c. Jochen Drukarczyk zum 65. Geburtstag, München

Rudolf, M. (2000) Zinsstrukturmodelle, Physica Verlag, Heidelberg

Schacht, U., Fackler, M. (Hrsg.) (2009) Praxishandbuch Unternehmensbewertung: Grundlagen, Methoden, Fallbeispiele, 2. Auflage, Gabler Verlag, Wiesbaden

Schäfer, H. (1999) Unternehmensinvestitionen, Grundzüge in Theorie und Management, Heidenberg

Schmeisser, W. (2010) Corporate Finance und Risk Management, Oldenbourg Wissenschaftsverlag, München

Schmidt, I. M. (2002) Bilanzierung des Goodwills im internationalen Vergleich, Deutscher Universitäts-Verlag, Wiesbaden

Schmidt, I. M. (2007) Ansätze für eine umfassende Rechnungslegung zur Zahlungsbemessung und Informationsvermittlung, Deutscher Universitäts-Verlag, Wiesbaden

Schmundt, W. (2008) Die Prognose von Ertragssteuern im Discounted Cash Flow-Verfahren: Eine Analyse der Decision Usefulness der IAS 12 und SFAS 109, Gabler Verlag, Wiesbaden

Schröder, R. W., Wall, F. (2009) Controlling zwischen Shareholder Value und Stakeholder Value: Neue Anforderungen, Konzepte und Instrumente, Oldenbourg Wissenschaftsverlag, München

Schwarz, Dr. M. (2012) KfW-Mittelstandspanel 2012 (https://www.kfw.de/Download-Center/Konzernthemen/Research/PDF-Dokumente-KfW-Mittelstandspanel/Mittelstandspanel-2012.pdf) Access on: 16.01.2014

Seppelfricke, p. (2003) Handbuch Aktien- und Unternehmensbewertung, Bewertungsverfahren, Unternehmensanalyse, Erfolgsprognose, Stuttgart

Sharpe, W. F., Cooper, G. M. (1972) Risk-Return Classes of New York Stock Exchange Common Stocks, 1931-1967, Financial Analysis Journal, No. 2 / 1972

Sieben, G. (1995) Unternehmensbewertung, in: Internationale Wirtschaftsprüfung, Festschrift für Hans Havermann, IDW Verlag, Düsseldorf

Siegel, T. (1992) Methoden der Unsicherheitsberücksichtigung in der Unternehmensbewertung, veröffentlicht in: WiSt, p. 21-26

Siepe, G. (1986) Das allgemeine Unternehmerrisiko bei der Unternehmensbewertung, veröffentlicht in Der Betrieb, p. 705-708

Siepe, G. (1997) Die Berücksichtigung von Ertragsteuern bei der Unternehmensbewertung, veröffentlicht in WPg, p. 1-10 und 37-44

Siepe, G. (2000) Der neue IDW Standard, veröffentlicht in WPg, p. 946-960

165

Spielmann, N. (2012) Internationale Corporate Governance: Best Practice Empfehlungen für Klein- und Mittelunternehmen, Haupt Verlag, Bern

Stutz, R. M. (1995) The cost of capital in internationally integrated markets – The case of Nestlé, International Financial Management Nr. 1 / 1995

Sygusch, F. (2008) Nachfolgefinanzierung mittelständischer Unternehmen: Finanzierungsinstrumente und Gestaltungsmöglichkeiten, Salzwasser-Verlag, Paderborn

Tanski, J. S. (2006) Bilanzpolitik und Bilanzanalyse nach IFRS, Verlag Franz Vahlen, München

Timmreck, C. (2003) Unternehmensbewertung bei Mergers & Acquisitions, Hans-Böckler-Stiftung, Düsseldorf

Trigeorgis, L. (1996) Real options, managerial flexibility and strategy in resource allocation, MIT Press, London

Ulschmid, C. (1994) Empirische Validierung von Kapitalmarktmodellen – Untersuchung zum CAPM und zur APT für den deutschen Aktienmarkt, Lang Verlag, Frankfurt

Velte, p. (2008) Intangible Assets und Goodwill im Spannungsfeld zwischen Entscheidungsrelevanz und Verlässlichkeit, Deutscher Universitäts-Verlag, Wiesbaden

Wallau, F. (2006) Mittelständische Unternehmen in Deutschland, veröffentlicht in: Schauf, M. (Hrsg.) (2006) Unternehmensführung im Mittelstand, Hampp, München

Wassermann, B. (2012) 3. FOM Mittelstandsforum: Steuern, Recht & Bewertung (http://www.fom.de/fileadmin/fom/downloads/Ta-gungsbaende/FOM_Mittelstandsforum_2012_Ta-gungsband_ONLINE.pdf) Access on: 15.01.2014

Weimar, D., Fox, Dr. A. (2010) Die Bewertung deut-scher Fußballunternehmen mit Hilfe der Multiplika-toren Methode, Schriften zur Finanzwirtschaft, Heft 7, Technische Universität Ilmenau

Welsh/White, A small business is not a little big business, in: Harvard Business Review, 59/80

Widmann, B., Schieszl, p., Jeromin, A. (2003) Der Kapitalisierungszinssatz in der praktischen Unternehmensbewertung, veröffentlicht in: Finanz Betrieb, p. 800 - 810

Wiehle, U., Diegelmann, M., Deter, H., Schömig, p. N., Rolf, M. (2004) Unternehmensbewertung: Methoden, Rechenbeispiele, Vor- und Nachteile, 2. Auflage, cometis publishing, Wiesbaden

Winkelmann, M. (1918) Indexwahl und Performance-Messung, veröffentlicht in: Göppl, H., Henn, R. (Hrsg.) Geld, Banken und Versicherungen, Verlag Versicherungswirtschaft, Athenäum

Wöltje, J. (2012) Finanzkennzahlen der Unternehmensbewertung, Haufe-Lexware, Freiburg

Zimmermann, p. (1997) Schätzung und Prognose von Betawerten – Eine Untersuchung am deutschen Aktienmarkt, Uhlenbruch Verlag, Bad Soden im Taunus